ullstein

Das Buch

»Yanti ist ein Sommerkind. Sie liebt Papageienschreie, Hängematten und Meeresrauschen. Ihre Geschichte ist wie eine Reise in ein fernes Land, aus dem wir verändert zurückkehren: mutiger, offener, voller Staunen. Und wie befreit von unseren eigenen Vorurteilen und Beklemmungen. Als ich am ersten Morgen nach der Diagnose aufwachte, tat mir alles weh. Mein Kopf, meine Glieder. Mir war übel und mein Herz raste. Ich spürte eine Ohnmacht im ganzen Körper. Doch am dritten Morgen fühlte ich, wie meine Kraft zurückkam. Es war dieses Jetzt-erst-recht-Gefühl, das ich von meinen Reisen kannte. Das Abenteuer hatte längst begonnen, ob ich wollte oder nicht. Also würde ich es annehmen. Ich würde nicht nur dafür kämpfen, dass Yanti am Leben blieb, sondern auch dafür, dass sie ihren ganz eigenen Weg gehen, akzeptiert und geliebt würde.«

Fabians Tochter Yanti kommt mit der Diagnose Down-Syndrom auf die Welt. Wie geht man mit einer solchen Nachricht um? Und inwiefern verändert sie das eigene Leben? In seinem berührenden Buch erzählt JOURNEYMAN Fabian Sixtus Körner vom Abenteuer, Vater zu sein und sich um seine Tochter zu kümmern – und er schildert, wie man trotzdem auf Reisen gehen kann, um die Menschen und das Leben neu zu entdecken.

Der Autor

Fabian Sixtus Körner, Jahrgang 1981, ist Designer, Fotograf, Blogger und stand zuletzt als Reisereporter vor und hinter der Kamera. Anfang 2010 begann er, die Welt zu bereisen und dabei für Kost und Logis zu arbeiten. Seine Erfahrungen darüber schilderte er 2013 in dem Buch JOURNEYMAN (Ullstein extra), das wochenlang ganz oben auf der Bestseller-Liste stand.

Fabian Sixtus Körner

MIT ANDEREN AUGEN

WIE ICH DURCH MEINE TOCHTER LERNTE, DIE WELT NEU ZU SEHEN

Ullstein

Besuchen Sie uns im Internet:
www.ullstein-buchverlage.de

Ungekürzte Ausgabe im Ullstein Taschenbuch
1. Auflage Mai 2019
© Ullstein Buchverlage GmbH, Berlin 2018 / Ullstein extra
Alle Rechte vorbehalten
Umschlaggestaltung: zero-media.net, München,
nach einer Vorlage von Fabian Sixtus Körner
Titelabbildung: Miriam Krane / © Fabian Sixtus Körner
Satz: Pinkuin Satz und Datentechnik, Berlin
Gesetzt aus der Minion Pro
Druck und Bindearbeiten: CPI books GmbH, Leck
ISBN 978-3-548-37786-5

INHALT

PROLOG

Wie verblasste Fähnchen heißen mich die Herbstblätter willkommen, applaudieren dem Nieselregen im aufbrausenden Berliner Westwind. Der Sommer hat sich offiziell abgemeldet, mit Kälte und Nässe, die zielstrebig die Öffnung meiner Hosenbeine anvisiert. Vor drei Tagen saßen wir noch in T-Shirts und kurzen Hosen am Landwehrkanal, schauten den Jungbarschen dabei zu, wie sie für kurze Zeit ihre sicheren Verstecke verließen, um das überlebenswichtige Jagen zu üben. Wie schnell sie sich entwickeln, dachte ich erstaunt. Eine ganz andere Zeitzählung als bei uns Menschen.

Heute, drei Tage später, weiß ich, es braucht manchmal nicht mehr als einen Wimpernschlag, und alles ist verändert.

Der Volkspark umspult mich mit seinen im Kreis joggenden Menschen in Funktionskleidung. Während ich auf der Asphaltbahn stehe und im Grau der Stratuswolken nach Antworten suche, überrunden mich Männer und Frauen in Pink und Grün und Gelb. Und du, denke ich schwach, bleibst auf der Strecke?

Der Park grenzt an das Gelände des Klinikums, mit direktem Zugang zu den Kreißsälen. Gegenüber befindet sich die Neugeborenenstation. Dort liegt in einem der Brutkästen meine Tochter Yanti. Aus ihrer kleinen Stupsnase ragt ein Plastikschlauch, von ihrem zerbrechlich wirkenden Körper suchen sich zahlreiche Kabel ihren Weg aus dem weißen, vom Krankenhaus zur Verfügung gestellten Strampelanzug mit Bärchen-Aufdruck. Auf ihrer Brust, da bin ich mir sicher, liegt schützend die Hand von Nico, ihrer Mutter, meiner Verbündeten. Einen Wimpernschlag nur brauchte es zwischen dem schönsten Berliner Sommer voller Erwartungen und diesem erdrückend fahlen Herbst. Ein sanftes Blinzeln von Yanti, als ich sie nach der Geburt zum ersten Mal im Arm hielt, lila angelaufen und schrumpelig, und ich meine Zukunft plötzlich im Argen liegen sah. Zeit ist eine eigenartige, unumkehrbare Größe.

Ich kürze den Weg zurück zur Klinik durch die Volleyballfelder ab. Feuchter Sand knirscht unter meinen Schuhsohlen, und einen Moment lang denke ich an palmengesäumte Strände. In festen Lederschuhen über Sand zu laufen ist in etwa so, wie mit einer Gabel deine Lieblingssuppe zu essen. Schweren Schrittes laufe ich querfeldein auf den rot-grauen Gebäudekomplex zu. Am Eingang steht, wie fast jedes Mal, wenn ich das Foyer betrete oder verlasse, eine Frau Ende dreißig mit aschblondem Haar in einem hellblauen Nachthemd und raucht. Die Zigarette nervös mit dem Daumennagel schnippend, presst sie den Rauch aus der Lunge, der sich kurz darauf in der Luft verliert. Das sieht nicht nach Genuss aus. Genießt man den Zug an einer Zigarette, zieht der Rauch langsam in einer dicken Schwade davon. Vor zwei Tagen habe ich sie zum ersten Mal hier stehen sehen, fast wie arrangiert, um dem trostlosen Aschenbecher einen Sinn zu verleihen. Nur ihr Unterarm bewegt sich alle zehn bis fünfzehn Sekunden mechanisch zu den Lippen und fällt kurz darauf zurück in die Ausgangsposition. Ihr Blick geht ins Nichts, der Daumen nestelt unaufhörlich am Filter. Vorgestern Nacht hat diese Frau ein Kind zur Welt gebracht, kurz nachdem sie ihre Zigarette hier draußen vor dem Foyer ausgedrückt hatte. Das Neugeborene liegt jetzt vermutlich in seinem Kinderbettchen, nicht in Intensivpflege, sondern im Bereich der Familienstation. Es ist gesund. Wahrscheinlich mit einem unermüdlichen Verlangen nach einer Zigarette, aber gesund.

Und da ist sie wieder. Die Frage nach dem Warum. Warum wir? Warum Yanti? Wir haben doch alles dafür getan, dass wir eine gesunde, für ein unabhängiges Leben gewappnete Tochter bekommen.

Erst als Nachtschwester Marion zu später Stunde wie beiläufig eine Bemerkung macht, wird mir wieder bewusst, dass alles eine Frage der Betrachtungsweise ist, des Blickwinkels.

»Man kann sich sein Kind nicht aussuchen«, murmelt sie, während ihre Hände geschickt neues Wickelmaterial in die weißen Schränke einsortieren. Ob sie diesen abgegriffenen Satz eben wirklich gesagt hat, frage ich mich mit zusammengekniffenen Augenbrauen, als Schwester Marion sich Yantis Inkubator zuwendet und fortfährt: »Es ist nämlich umgekehrt. Kinder suchen sich ihre Eltern aus. Und mit euch hat Yanti eine sehr gute Wahl getroffen.«

Mit Nico hat unsere Tochter ganz sicher eine gute Wahl getroffen.

Nico, wie sind wir hierhergekommen? An diesen Ort, wo alles stillzustehen scheint?

YANTI

Q90 – EIN
RÄTSELHAFTER BEFUND

Berlin,

September 2016

Ich bin Pessimist. Darin liegt mein Optimismus. Das Worst-Case-Szenario ist mein ständiger Begleiter – nur beunruhigt es mich nicht. Im Gegenteil hilft es mir, innere Ruhe zu finden. Was kann schon passieren? Was wäre so schlimm, dass es sich nicht lohnen würde, weiterzumachen; weiterzuleben?

Optimisten werden sich nun fragen, wie man mit dieser Einstellung ein glückliches Leben führen kann, dabei liegt es auf der Hand: Es gibt keine bösen Überraschungen. Ausschließlich gute, ständig. Permanent werden meine Erwartungen ans Leben übertroffen. Und wenn doch mal die Frage nach dem »Warum?« aufkommt – »Warum ich? Warum passiert gerade mir so etwas?« –, dann habe ich mir die Antwort darauf meist schon im Vorhinein zurechtgelegt.

An diesem spätsommerlichen Tag Mitte September aber hatte ich es schlichtweg versäumt, mir eine passende Antwort zu überlegen.

Nico fuhr neben mir, hochschwanger, auf ihrem neuen Damenrad. Sie hatte es sich für die Schwangerschaft und die Zeit danach gekauft, um einfacher aufsitzen zu können als bei ihrem Mountainbike.

»Lass uns auf den Bürgersteig wechseln«, sagte sie, als wir durch die Kopfsteinpflastergegend nahe des Landwehrkanals in Kreuzberg radelten. »Nicht, dass ich hier eine Sturzgeburt hinlege.«

Ihre Entspanntheit war so ansteckend, dass auch ich keine Anzeichen von Nervosität verspürte. Es war der Tag des errechneten Geburtstermins, aber es gab keine körperlichen Signale für bald einsetzende Wehen, sodass ihre Gynäkologin uns für einen hoffentlich letzten Termin zur Untersuchung gebeten hatte.

»Die Herztöne sind mir etwas zu flach, und das Fruchtwasser wird knapp. Ich rufe jetzt im Krankenhaus an, um Sie anzukündigen«, erklärte sie uns unaufgeregt. »Wir werden Sie weiterhin an das CTG anschließen, um die Herztöne des Kindes zu überwachen«, wandte sie sich erst an Nico, dann an mich, »und Sie gehen bitte nach Hause, holen die gepackten Taschen und kommen dann wieder hierher, um mit ihrer Freundin ins Krankenhaus zu fahren. Keine Hektik, alles ist in Ordnung. Fahren Sie langsam und aufmerksam.« Tatsächlich war ich nach ihrer Ansage sehr ruhig. Was bei mir hängen blieb, war »alles ist gut« und »es geht gleich los«. Also war ich optimistisch.

Die Geburtsklinik war überfüllt. »Wir haben seit ein paar Wochen einen regelrechten Babyboom in Berlin. Und dann ist morgen Vollmond. Wir gehen davon aus, dass wir heute Nacht zahlreiche akute Fälle reinbekommen«, erklärte uns die diensthabende Stationsärztin. Da bei Nico noch keine Wehen eingesetzt hätten, würde man bei anderen Kliniken anfragen, ob dort noch ein Kreißsaal zur Verfügung stünde.

Während wir warteten, wurde Nicos Bauch erneut verkabelt, die Herztöne unseres Kindes weiterhin überwacht. Wir machten es uns im Kreißsaal gemütlich, stellten uns auf einen langen Tag ein. Zwei Stunden später fällte das Klinikteam eine Entscheidung.

»Die Herztöne sind tatsächlich abnehmend. Wir sollten keine Zeit verlieren, wenn die Geburt natürlich verlaufen soll. Wir bekommen Sie schon irgendwie unter.«

Nico wurde ein Wehen förderndes Mittel in Form einer Kapsel verabreicht, und wir warteten weiter. Nichts passierte. Nach vier Stunden mussten wir den Kreißsaal wegen eines der angekündigten akuten Fälle räumen. Zeitweise wurde uns der Schwesternraum mit einer Schlafcouch zur Verfügung gestellt, ein Bett für Nico sowie ein Monitor für die schwächer werdenden Herztöne unseres ungeborenen Kindes hereingerollt.

Es wurde Nacht. Ständig verrutschten die Elektroden auf Nicos Bauch, sodass wir, kaum waren wir eingeschlafen, vom schrillen Ton des Monitors aufschreckten. Immer wieder blieb mir fast das Herz stehen, bei diesem Geräusch, das einen vermeintlichen Herzstillstand unseres Kindes anzeigte. Unweigerlich machte sich nun doch Anspannung breit.

Um zwei Uhr früh schreckte ich wieder auf. Nico lag nicht mehr neben mir, der Monitor zeigte keine Aktivität. Ich sprang von der Couch, um sie zu suchen, doch als ich die Tür aufriss, stand sie vor mir.

»Es geht los«, sagte sie kehlig, eine Hand fest am Geländer, während die andere versuchte, den Schmerz abzuschütteln. Zwischen Eröffnungswehen und Versuchen, kurz zur Ruhe zu kommen, verging die Nacht im einlullenden Stakkato des CTG, bis am Morgen doch noch ein Kreißsaal frei wurde. Die Wehen kamen und gingen zur Zufriedenheit der Ärzte. Sie wurden stärker, die Abstände geringer. Nico entschied sich für die Badewanne. Ich würde neben ihr sitzen, um ihre Hand im Wasser zu halten. Irgendwann kamen die Presswehen, viel zu früh, ungefähr zur selben Zeit, als meine linke Hand aufgeweicht, runzelig und bleich war, wie die eines Neugeborenen.

»Versuchen Sie, nicht aktiv zu pressen, sparen Sie Ihre Kräfte. Das Kind muss sich noch drehen. Es liegt hundertachtzig Grad in der Vertikalen, eine Position, die man auch Sternengucker nennt. Am besten legen Sie sich wieder in den Geburtsstuhl. Wenn Sie eine PDA gegen die Schmerzen möchten, dann ist jetzt die letzte Gelegenheit«, klärte der Oberarzt nach einer weiteren Untersuchung auf. Nico schüttelte den Kopf und stieß Luft durch ihre gepressten Lippen aus. Sie hatte sich relativ früh gegen eine Betäubung des Unterleibs durch eine Rückenmarksinjektion entschieden. Ich an ihrer Stelle hätte vermutlich schon längst einen Rückzieher gemacht. Nico jedoch blieb eisern, selbst nach über zwölf Stunden Schmerzen, die noch stärker würden, je weiter das Baby in den Geburtskanal rückte.

Als es weitere vier Stunden später endlich so weit war, befand sie sich längst im Schmerzdelirium, während ich die rhythmischen Abfolgen begleitete.

Eine Minute pressen, zwei Minuten schlafen.

Alles in mir hatte auf Instinktmodus geschaltet. Ich dachte nicht mehr, ich funktionierte nur noch, und meine Funktion belief sich einzig darauf, Nico zu unterstützen – ohne dem Arzt und den Geburtshelfern im Weg zu stehen.

»Ich erhöhe noch mal die Dosis des Wehen fördernden Mittels«, verkündete der Arzt.

Eine Minute pressen, zwei Minuten schlafen.

»Hi, hi, hi, hi, huuuuuuu. Atme mit mir, Nico«, versuchte ich sie auf die nächste Wehe vorzubereiten, um sie danach wieder in eine Kurzschlafphase zu verabschieden.

Eine Minute pressen, zwei Minuten schlafen.

»Ick sehe schon wat!«, sprach die sitzende Hebamme vom Fußende herüber.

»Die Wehen lassen nach«, sagte die Schwester.

»Die Herztöne auch. Wir können jetzt keinen Kaiserschnitt mehr machen. Nach all der harten Arbeit wäre das sehr schade. Ich drehe den Tropf voll auf. Noch zweimal pressen, dann ist Ihr Kind da«, entschied der Arzt. Nico hielt meine Hand fest umklammert. Das Geräusch eines Dammschnitts ertönte. Es wird mein Unterbewusstsein nie mehr verlassen.

Eine Minute pressen, zwei Minuten schlafen. Pressen.

»Na, wen ham wa denn hier?!«, rief die Hebamme und hielt ein kleines Würmchen hoch, das mit dem ersten Luftzug ein Jauchzen ausstieß, als wäre es genauso erleichtert wie wir. Es war meine Tochter. Sie war nun kein Embryo mehr, kein Fötus und kein um sich tretendes Geschöpf in einer Fruchtblase, sondern leibhaftig und real wie alle anderen Anwesenden auch. Yantis Haut war lila und ihr Kopf eiförmig. Sie sah aus wie von einem anderen Planeten.

Nico hatte die Geburt derweil noch nicht überstanden. Die Nabelschnur war gerissen, und die Plazenta wollte sich nicht lösen lassen. Ihre Schmerzen mussten unerträglich sein. »Wir müssen Sie operieren«, beschied der Arzt. »Das dauert aber nicht lang, nur eine kurze Vollnarkose. Wir lassen Ihre Tochter beim Vater, und in fünfzehn Minuten haben Sie sie wieder.«

Mit dem Unterarm wischte er sich den Schweiß von der Stirn. Yanti wurde Nico behutsam aus dem Arm genommen, in ein Handtuch gewickelt und mir überreicht. Sekunden später waren Nico und das Ärzteteam verschwunden und ich mit meiner Tochter zum ersten Mal allein.

Für einen langen Moment herrschte Stille. Ich schaute sie an, wie sie ruhig schlafend in meinen Arm gekuschelt lag, begutachtete die kleinen Finger und deren stecknadelkopfgroße Nägel. Strich mit der Kuppe meines Zeigefingers behutsam über die noch feuchte Ohrmuschel und streichelte ihre zarte Wange. Voller Bewunderung, doch auch prüfend. Irgendetwas an ihr ließ mich grübeln und weitersuchen. Konnte ich, als alter Vollblutpessimist, das Glück der Vaterschaft einfach nicht wahrhaben?

Als hätte sie meinen Blick gespürt, öffnete meine Tochter plötzlich ihre Augen, schaute mich an, als wäre sie die ganze Zeit über wach gewesen. Merkwürdig unverwandt, beinahe, als wollte sie mir ihr Geheimnis preisgeben. Mit Augen unter schrägen Lidern hielt sie meinem Blick stand, mehr noch, was im Grunde gar nicht sein konnte: Yanti fokussierte mich. In ihrem Blick lag eine Antwort und zugleich auch eine Frage, die entscheidend war:

»Und, was sagst du jetzt?«, las ich in ihren Augen. »Was machen wir daraus?«

Die Hebamme betrat den Raum. »So, ich würde Yanti jetzt zur Erstuntersuchung mitnehmen. Möchten Sie mitkommen?« Obwohl ich wusste, dass die U1 anstand, überraschte sie mich mit ihrer Frage. Ich war gedanklich ganz woanders, Jahre voraus.

»Ähm, nein, ich warte auf meine Freundin, die müsste bald aus dem OP kommen«, entschied ich. Sie nahm Yanti gekonnt mit einem Arm entgegen und verschwand. Ich schaute an mir herunter und sah, dass Yanti den ersten Stuhlgang ihres Lebens auf meinem weißen T-Shirt hinterlassen hatte. Das pechschwarze Mekonium würde wohl nie gänzlich aus dem Stoff verschwinden und mich für immer an dieses lautlose erste Gespräch mit meiner Tochter erinnern. Nun hatte ich es schwarz auf weiß, dass ich Vater geworden war.

Die Minuten vergingen, ohne dass es mir bewusst war. Ich saß neben dem blutbesudelten Geburtsstuhl. Aus dem Wasserhahn der Badewanne ragte tollkühn ein Tropfen hervor, im Begriff, sich in das kalte, trübe Badewasser zu stürzen. Ich kam mir vor wie in einem Echtzeitfilm, dessen Drehbuchautor kurz innehielt, um den nächsten Schritt abzuwägen. Er kaute auf der Rückseite seines Stifts, rieb sich die Falten aus der Stirn, machte einen Absatz und setzte wieder an.

»Herr Körner, es gab Komplikationen. Bitte kommen Sie mit.« Schon wieder war mir entgangen, dass die Hebamme den Kreißsaal betreten hatte. Mit ihrer Einleitung riss sie mich abrupt aus meinem Tagtraum. »Ihre Tochter hat während der Untersuchung Atemaussetzer jehabt. Ick bin selbst janz erschrocken jewesen. Wir ham sie sofort in die Neonatologie jebracht.« Sie sprach schnell, aber mit ruhiger Stimme. »Kommen Sie«, bat sie mich hinaus auf den Flur. »Sie gehen hier entlang, immer jerade aus. Durch die erste Flügeltür und dann weiter jerade aus bis zur nächsten Flügeltür. Dort klingeln Se dann und fragen nach Ihrer Tochter.«

»Ja, danke!«, rief ich über die Schulter, während ich den Gang hinuntereilte, durch die erste Flügeltür, vorbei an den Wartenden, an hochschwangeren Frauen und erwartungsvollen Familienmitgliedern, zur zweiten Tür. Sie öffnete sich, kurz nachdem ich die Klingel betätigt hatte.

»Sie sind der Papa von Yanti?«, empfing mich eine Schwester.

»Ja, wo ist sie?«, fragte ich knapp.

»Ich bringe Sie zu ihr«, erwiderte sie routiniert, als würde sie diesen Satz mehrmals täglich sagen. Wir gingen zusammen weiter und bogen am Ende des Ganges rechts in eines der Zimmer ab. In jeder Ecke stand ein Inkubator aus transparentem Plexiglas. Drei davon waren leer, im vierten lag Yanti und schlief.

Ein Schlauch hing ihr aus der Nase, einer aus dem Mund. Wohl, um sie daran zu hindern, sich die Schläuche selbst zu ziehen, waren sie mit Pflastern auf ihrer Wange fixiert worden. Eines in der Form eines Schmetterlings, das andere in Herzform. Bunte Kabel wuchsen wie Sprösslinge aus ihrer Brust, und an ihrem kleinen Fuß war ein rot leuchtender Sensor mit einer Mullbinde fixiert. Das allzu bekannte Geräusch des EKG-Geräts spielte eine monotone Melodie. An ihrem Inkubator war eine halb ausgefüllte Geburtskarte geheftet.

Ich heiße *Körner, Yanti*
Ich wurde am *16.09.16* um *17:18* Uhr geboren
Mein Geburtsgewicht *2720 g*
Meine Geburtslänge   *cm*
Mein Kopfumfang   *cm*
Zimmer Nr.

Ich stellte mir vor, wie die Hebamme während der U1, nachdem sie Yanti von der Waage genommen und den Wert übertragen hatte, das Maßband zurechtzog und erschrocken feststellte, dass das Neugeborene nur mehr atemlos und bläulich vor ihr lag. Ich war erleichtert, dass sie nun hier war, wenn auch hinter Plexiglas, unter einer halb ausgefüllten Geburtskarte. Sie lebte. Auch wenn ihre Atmung sehr flach war, sorgten technische Hilfsmittel dafür, dass Yanti am Leben blieb.

Die Schwester stand auf der anderen Seite des Inkubators und ließ mir Zeit, mich auf die Situation einzustellen. Dann brach sie das Schweigen.

»Die süße Maus hat einen kritischen Sauerstoffwert. Aber seien Sie unbesorgt, das haben wir im Griff. Wir können noch nicht genau sagen, woran es liegt, deshalb werden wir sie ein paar Tage hierbehalten, um das herauszufinden. Wir müssen wissen, ob ihr Herz, ihre Lunge oder andere Organe Fehler aufweisen. Dazu wird Ihnen der Stationsarzt mehr sagen. Der Verdacht besteht, dass Ihre Tochter das Downsyndrom hat. Gewissheit haben wir aber erst nach einem Zelltest. Wir werden Sie über alles informieren.« Sie hielt kurz inne. Während ich Yanti anstarrte, spürte ich den mitleidigen Blick der Schwester auf mir, sah, wie sie sanft mit den Fingerspitzen zum Abschied auf die Plexiglaskante tippte, ehe sie sich leise zurückzog.

Da war es also. Downsyndrom. Zum ersten Mal ausgesprochen, schwebte es groß und schwer wie eine dunkle Wolke über mir, bereit, ein gewaltiges Gewitter herabzuschicken. Gedanken wie Blitze, gefolgt von nachhallenden Donnerschlägen.

Ich habe eine behinderte Tochter. Trisomie 21 – die am häufigsten vorkommende Chromosomenanomalie bei Neugeborenen. Q90 – deren Code zur internationalen statistischen Klassifikation. Ein weiterer Pflegefall auf den Listen der Versicherungen, hilfebedürftig für den Rest ihres und wahrscheinlich auch meines Lebens. Unabhängigkeit, Reisen, Freiheit, damit ist es vorbei. Warum meine Tochter? Warum ich? Womit haben wir als Eltern und Familie das verdient? Nico. Was ist mit Nico?

Ich stürzte aus dem Raum und klopfte hektisch an die Glasscheibe des Schwesternzimmers. »Können Sie mir sagen, wie es meiner Freundin, der Mutter von Yanti geht?«, rief ich, etwas zu laut für eine Intensivstation, durch die Scheibe. Eine der Schwestern drehte sich kauend zu mir um, legte ihr Brötchen zur Seite und gab mir mit erhobenem Zeigefinger zu verstehen, dass sie sich darum kümmern werde. Daraufhin nahm sie den Hörer von einem Wandtelefon und drückte zwei Tasten, führte ein kurzes Gespräch, legte auf und kam zu mir herüber. »Sie ist schon aus dem OP raus und wacht gerade auf. In Zimmer eins der Geburtsstation, erste Tür links. Sie können zu ihr gehen.

Wir bringen gleich auch Yanti kurz vorbei.« Mit einem Lächeln nickte sie mir zu. Ich bedankte mich hektisch und war schon wieder fort.

Nico schmatzte genüsslich, als ich ihr einen sanften Kuss auf die Wange drückte.

»Wie geht es dir?«, fragte ich flüsternd.

»Hmmmmm, gut.«

Erst als ich sie fragte, ob sie wüsste, wo sie sich befand, und ob sie sich an die Geburt erinnern könne, wurde mir bewusst, dass Nico die vergangene halbe Stunde mit all ihren Ereignissen im Tiefschlaf verbracht hatte. Zuletzt hatte man ihr mitgeteilt, dass sie eine gesunde Tochter nach einer langen, schmerzhaften Geburt zur Welt gebracht hatte.

»Wo ist sie?«, fragte sie murmelnd.

Es gab wohl kaum einen schlechteren Zeitpunkt für die Übermittlung einer solchen Nachricht. Allerdings hatte ich mir keinen Plan zurechtlegen können, nachdem sich die Ereignisse derart überschlagen hatten. Was hätte ich ihr anderes als die Wahrheit sagen sollen? Ruhig berichtete ich ihr, was die Krankenschwester gesagt hatte. Erst als ich sicher war, dass sie begriffen hatte, fragte ich: »Wie geht es dir damit?«

»Ich werde sie genauso lieb haben. Mit oder ohne Downsyndrom.« Sie klang noch immer abwesend, aber ich spürte, dass sie wusste, was sie sagte.

»Und dir?«

Während ich noch nachdachte, spürte ich, wie sehr ich Nico brauchte. Alleine wäre ich aufgeschmissen. Ich brauchte die Nico von vor der Geburt, die positive, lebenslustige und dickköpfige, die immer noch die Leichtfüßigkeit einer Grundschülerin an den Tag legte.

»Solange ich weiß, dass es für dich kein Problem ist, ist es das für mich auch nicht.« Das klang nicht gerade aufbauend und nicht nach Aufbruchsstimmung. Es war einfach Erleichterung, die darin mitschwang.

Zwei Schwestern und einer der Ärzte der Neonatologie brachten Yanti zu uns. Sie war wieder in eine Decke gehüllt und sah aus, als hätte man sie eben aus einem Versuchslabor gerettet. Man hatte sie von der Sauerstoffflasche abgestöpselt und mit einem mobilen Monitor verkabelt. Nico richtete sich ein wenig auf und nahm Yanti entgegen. Ihre Augen füllten sich mit Tränen, als sie ihre Tochter zum ersten Mal in aller Ruhe begrüßte.

»Hallo, meine Kleine. Was machst du denn für Sachen? Komm, wir kuscheln ein wenig, das hat noch niemandem geschadet.« Gemeinsam lagen sie eng beieinander in die weißen Tücher des Krankenbettes gewickelt. Es hätte ein Bild puren Glücks sein können, wäre da nicht dieses Störgeräusch gewesen, das sich hartnäckig in meinem Hinterkopf festgesetzt hatte. Die Stimme der Krankenschwester hallte nach, als wäre das Echo ihrer Worte in meinem Schädelinneren gefangen. »Downsyndrom … Downsyndrom … Downsyndrom …« Wie ein nervöses Tier schlich ich um das Bett herum und betrachtete Yanti aus allen Winkeln. Wenn ich rechts hinter dem Kopfteil des Bettes stand, sah sie aus wie ein ganz normales Neugeborenes, ohne auffällige Merkmale. Wenn ich mich an die seitliche Kante des Bettes stellte, sah ich es sofort. Die mandelförmigen Augen, das spitze Kinn und die leicht verdickte, heraushängende Zunge. So wanderte ich spekulierend durch den kühlen Raum, bis die Tür sich erneut öffnete.

»Wir müssten Yanti jetzt zurückbringen. Sie muss wieder an die Sauerstoffversorgung angeschlossen und gleich auch gefüttert werden. Währenddessen wird man Sie auf Ihr Zimmer bringen.«

»Was? Kann ich sie besuchen?«, fragte Nico ängstlich.

»Ja natürlich, Sie können immer zu ihr, rund um die Uhr. Aber Sie müssen sich auch ein wenig ausruhen, damit Sie sich schnell von der Operation erholen. Yanti braucht vor allem eine gesunde Mama«, erklärte ihr die Schwester. Widerwillig gab Nico unsere Tochter ab. Dann waren wir wieder allein in dem kargen Raum. Nach und nach fiel die Anspannung von mir ab. Ich legte mich neben Nico auf den Fußboden, und in Stille, Hand in Hand, schworen wir uns gemeinsam auf die nächste Etappe ein. Die Sekunden vergingen wie Minuten, die Minuten wie Stunden. Es klopfte an der Tür, ein weiteres neues Gesicht erschien.

»Ich bringe Sie auf Ihr Zimmer«, verkündete die Schwester mit einem osteuropäischen Akzent. Wortlos stand ich auf und lief neben dem rollenden Bett her durch die Gänge.

»Ich möchte sie noch mal sehen«, sagte Nico plötzlich.

»Was?«, fragte die Schwester.

»Mir wurde gesagt, dass ich immer zu ihr kann. Ich muss sie noch mal sehen, sonst kann ich nicht schlafen.«

»Ich weiß nicht, ob dein Bett dort hineinpasst. Warte, ich frage nach.«

Die Krankenschwester hatte schnell begriffen, dass sie keine andere Option hatte. Nicos Bett wurde durch den schmalen Gang bis in Yantis Zimmer manövriert und neben den Inkubator gestellt, sodass es ihr möglich war, die Hand hineinzulegen. Ich konnte mich vor Erschöpfung kaum mehr auf den Beinen halten und legte mich neben Nico. Es war das erste Mal, dass wir drei ohne innere oder äußere Störgeräusche vereint waren. Kein Plexiglas konnte uns trennen, keine elektronischen Lebenserhaltungsgeräte oder deprimierenden Zukunftsvisionen von diesem Moment des friedlichen Beisammenseins abbringen. Wir schlossen die Augen und träumten uns an einen anderen Ort.

»Wir bringen Ihre Frau jetzt auf ihr Zimmer«, flüsterte mir jemand ins Ohr. Es war der einzige männliche Krankenpfleger der Station. Nico schlief und ließ sich auch durch nichts mehr wecken. Als ich mich in unserem Stationszimmer neben sie legte, war ich nach dem kurzen Schläfchen wieder hellwach. Dunkelheit hüllte mich ein, als ich Zwiegespräche führte und mich auf die Suche nach einem Pfad zur inneren Ruhe begab.

»Hunde sind im Grunde doch auch nur behinderte Wölfe. Und trotzdem viel beliebter«, behauptete mein Alter Ego.

»Aber Yanti ist doch kein Tier. Obwohl – im Grunde sind wir alle Tiere, nicht?«

»Immer diese Abgrenzungen! Mensch, Hund, Wolf, Grottenolm – alles eine Ursuppe.«

»Wird Yanti sprechen können? Wird sie für immer ein Pflegefall sein? Wird sie verstehen, was es heißt, glücklich zu sein?«

»Pflegebedürftig zu sein ist doch nicht gleichbedeutend mit unglücklich. Das Schlimmste, was du deinen Widersachern antun kannst, ist glücklich sein. Da kommen die nicht drüber weg. Und überhaupt, schon mal an die positiven Seiten gedacht? Deine Tochter wird vermutlich nie mit einer Nadel im Arm auf der Straße sitzen oder sich prostituieren.«

»Aber können wir weiter tun, was wir so lieben? Können wir reisen?«

Mein innerer Gesprächspartner verstummte. Offenbar fiel ihm keine Antwort ein.

»Vielleicht übersteht sie es ja auch nicht. Wer weiß, ob sie morgen noch lebt.«

»Daran darfst du nicht mal denken.«

»Und wäre das so schlimm? Würde sie nicht einem Leben voller Intoleranz und Krankenhausaufenthalten entgehen?«

»Arschloch! Hauptsache, du behältst deine beschissene Freiheit oder was? Halt einfach deine Fresse!«

Ich bin nicht stolz auf meine Gedanken in dieser ersten Nacht in Yantis Leben. Sie waren eben da. Und auf eine schwer zu fassende Art halfen sie mir, die Situation anzunehmen.

Ich hatte Angst. Ich war verwirrt. Ich wusste nicht, was uns erwartete. Auf Reisen hatten Nico und ich beschlossen, dass wir ein Kind bekommen wollten. Auf Reisen war sie schwanger geworden, und unser Kind war in ihrem Bauch herangewachsen, während wir auf fremdem Boden lebten. War es tatsächlich denkbar, dass mit Yantis Geburt der Stillstand kam? Ein sesshaftes und vorhersehbares Leben?

II

VON BALI BIS NACH BRANDENBURG – REISELEBEN

EIN LEBEN
FÜR DIE FREIHEIT

Simbabwe, Herbst 2012

Now that I have put my gun down
For almost obvious reasons
The enemy still is here invisible
My barrel has no definite target
now
Let my hands work –
My mouth sing –
My pencil write –
About the same things my bullet
aimed at.

Aus »On the road again« von
Freedom T.V. Nyamubaya

Nicos und meine Geschichte begann in den Wäldern um Bremthal, einer kleinen Gemeinde in der Nähe von Frankfurt am Main. Die riesige alte Eiche, in der wir Kinder das Klettern lernten, hat gesehen, wie wir uns zum ersten Mal geküsst haben.

Vielleicht weiß sie auch, warum der zweite Kuss ganze zwanzig Jahre auf sich warten ließ. Vermutlich mussten wir beide, jeder für sich selbst, erst herausfinden, wer wir waren. Nico ging aufs Gymnasium, studierte Internationales Recht und wurde zur Expertin für Menschenrechte zum Schutz von Frauen und Kindern in Kriegs- und Krisengebieten; unterdessen hatte ich die Schule abgebrochen und mich irgendwie in ein Fachstudium hineingemogelt.

Sie machte einen Schüleraustausch in Ecuador und bestand ihren Master in Irland, arbeitete an Projekten in Bosnien, Haiti und Liberia, während ich als Backpacker durch Südostasien streifte und herauszufinden versuchte, was mich antrieb.

Mit Ende zwanzig reiste ich mehrere Jahre als *Journeyman* um die Welt, um dem Alltag, der mich in Deutschland zu ersticken drohte, zu entfliehen und mich auf die Suche zu begeben nach der Formel für ein glückliches Leben. Auf allen besiedelten Kontinenten der Erde arbeitete ich als Architekt, Designer und Fotograf gegen einen Schlafplatz und etwas zu essen. Zwei Jahre lang ging der Plan auf, doch am Ende meiner Reise saß ich auf Kuba fest und hatte laut Kontostand nur eine Möglichkeit, um von dort wegzukommen: eine Flugreise in die Dominikanische Republik. Nico arbeitete dort für die Vereinten Nationen und nahm mich bei sich auf. Es sollte das Ende meiner Reise markieren sowie den Anfang von etwas Neuem und zugleich Altem. Fortan würden wir wieder gemeinsam zu geheimnisvollen Orten reisen …

Nach unserem Abschied von der Dominikanischen Republik reiste ich noch für ein paar Wochen allein durch Kolumbien. Nico zog es nach Simbabwe, wo sie ein Jahr lang für die Vereinten Nationen arbeiten würde, um ein Friedens- und Sicherheitsprogramm zu entwickeln. Ich ließ mich kurz darauf in Berlin nieder, und wir führten eine Fernbeziehung mit ausgedehnten gegenseitigen Besuchen.

Das wahre Afrika. Evolutionshistoriker haben den Osten Afrikas als Wiege der Menschheit ausgemacht, im Westen schlägt für Anthroposophen das kulturelle Herz des Kontinents. In der subsaharischen Gegend tummeln sich Touristen und Großwildjäger – sie suchen die Big Five: Elefant, Nashorn, Büffel, Löwe und Leopard. Und dann sind da die Bodenschätze, deren Erlöse auf mysteriöse Weise nie bei der Bevölkerung ankommen. Afrika ist der Kontinent westlicher Projektionen und Interessen und dabei so vielfältig und gegensätzlich, so rätselhaft und schwer zu fassen.

Die Bilder, die ich im Kopf hatte, als ich meine Reise antrat, waren so angestaubt und austauschbar, dass ich mich beinahe schämte. Weiße Männer und Frauen im Safarilook, Gewehre mit langen Läufen, lässig geschultert. Sklaven, die in der sengenden Sonne für andere schuften. Stammesriten, Tätowierungen und Kriegsbemalung. Friedliche und kriegerische indigene Völker. Warlords und Despoten. Armut, Hunger. Trommeln. Trockenheit, Gefahr. Sonnenuntergänge über der Sahara, Hitzeflimmern, Weite, Schönheit.

Anstatt ein Haus mit Garten, Swimmingpool und Angestellten zu beziehen, wie es unter ihren Kollegen üblich war, hatte Nico in der Nähe zu ihrem Büro ein kleines Cottage von einem älteren Pärchen angemietet. Susan und ihr Mann Danny waren Rhodesier. Die *Rhodies*, wie sie sich selbst nennen, bilden den kleinen weißen Teil der simbabwischen Bevölkerung. Der Name entstammt der Zeit unter britischer Kolonialherrschaft, als Simbabwe noch Südrhodesien hieß, die Oberbefehlshaberin des Landes die Queen höchstselbst war und Bauern aus dem Vereinigten Königreich hierher entsandte, um das beste Fleisch und das beste Brot des Kontinents zu produzieren und zu exportieren. Obwohl es noch gar nicht so lange her war, dass Simbabwe »der Brotkorb Afrikas« genannt wurde, wirkte die Bezeichnung aufgrund der immer verheerender werdenden Hungersnöte nur noch zynisch.

Das Cottage, ein kleiner Anbau mit einem Schlafzimmer und einem Wohnzimmer mit Kochnische auf geschätzt vierzig Quadratmetern, lag im Garten des imposanten Anwesens im Bezirk Emerald Hill der Hauptstadt Harare und lehnte sich an die Rückwand einer riesigen Villa im Kolonialstil. Vielleicht war es ein ehemaliges Gästehaus oder die Unterkunft der Bediensteten gewesen.

»Als es uns noch gut ging, hatten wir viele Angestellte. Jetzt sind uns nur zwei geblieben. Ich wüsste nicht, was wir ohne sie machen sollten. Henry ist ein Goldstück«, erzählte Susan, Inhaberin des Cottages sowie des gesamten Anwesens und unsere direkte Nachbarin.

Als Gärtnerin schwor sie auf Sprachtherapie, um ihre Pflanzen zum Wachsen zu animieren. »Manchmal auch ein schönes Lied am Morgen, wenn sie von der Sonne geweckt werden.« Es schien eine wirksame Therapie zu sein: Wohin ich schaute, sah ich Pflanzenleben in allen Farbschattierungen. In der Mitte des Vorgartens ragte ein mächtiger Avocadobaum in den Himmel, dessen Äste sich unter dem Gewicht kopfgroßer Früchte bogen. Nachdem Susans Familie, wie viele andere Farmer, ihrer Ländereien enteignet worden war, versuchte sie sich als Botanikerin einen Namen zu machen. Doch mit einer immer geringer werdenden Zahl von Rhodesiern im Land gingen ihr die Kunden aus. Zwei Jahre versuchten sie in England Fuß zu fassen, mussten aber feststellen, dass sie sich nicht mehr als eine Garage als Unterkunft leisten konnten und keine Chance auf dem Arbeitsmarkt hatten. »Wir waren kurz davor, obdachlos zu werden. Ich habe begriffen, dass wir keine Briten sind. Wir sind Rhodesier, und hier gehören wir hin. Auch wenn das Leben in *Sim* nicht mehr so ist wie früher, besser als in England ist es allemal.« Sie ließ ihren Blick wehmütig über ihren prächtigen Garten wandern.

Für die indigene Bevölkerung hätte sie aus Prinzip keinen Finger gerührt. Wahrscheinlich hätte sie auch niemanden aus dem Volk der Shona oder Ndebele angeheuert. Die Fronten, das wurde mir bald klar, waren in Simbabwe hoffnungslos verhärtet.

»Wir Rhodies bleiben unter uns, genau wie die Schwarzen. Niemand würde sich hier mischen, das funktioniert nicht. Jeder weiß, dass ein Mischlingskind von beiden Communitys ausgestoßen würde. Es hätte keine Chance, ein normales Leben zu führen. Und das ist auch gut so, hat immer funktioniert. Aber seit der alte Mann verrückt geworden ist, geht es allen schlecht.« Der alte, laut Susan, verrückt gewordene Mann war Robert Mugabe, verantwortlich für die politischen Geschicke des Landes und in der westlichen Welt der »am längsten regierende Despot Afrikas« genannt.

Ich war nicht mal einen Tag lang da und bereute schon, mir nicht zumindest ein kleines Paket Grundwissen geschnürt zu haben. Während Nico daran arbeitete, einen Dialog zwischen den verhärteten Fronten zu ermöglichen, erläuterte mir Susan ihre Sicht der Dinge. Allerdings war ich mir nicht sicher, ob das eine gute Gelegenheit war, mein Wissen über Simbabwe aufzubessern.

»Du und ich, wir sind vom selben Schlag, haben die gleichen Gene«, erklärte sie mir verschwörerisch und kam mit ihrem sonnengebräunten Gesicht verdächtig nah an meines.

Ich hatte weiße Haut, und ihr war das genug, um sich mir anzuvertrauen. Wenn ich mir unsere Gastgeberin nicht am ersten Tag zur Feindin machen wollte, musste ich vorsichtig sein. Es war nicht das erste Mal, dass ich mich auf der Grenze zwischen Diplomatie und Opportunismus bewegte. Rassismus war ich überall auf der Welt begegnet, meist, indem meine Gesprächspartner mich in ihre Kumpanei gegen *die anderen* verstrickten.

Selbst schuld, dachte ich, als Susan weiter ihre Tiraden losließ über »lernresistente Schwarze« und »Weiße, die noch wussten, wie man ein Land wirtschaftlich stark regiert«. Als sie sich irgendwann zu dem so oft gehörten Klischee hinreißen ließ, dass nicht alles schlecht gewesen sei, was Hitler gemacht habe – »wirtschaftlich und strategisch war das brillant für Deutschland«, da musste ich mich verabschieden. Ich hätte ein Buch zu schreiben, erklärte ich Susan, und müsse mich da so langsam mal dransetzen. Natürlich hätte ich ihr Gerede parieren können, indem ich erklärte, dass ja auch nicht alles schlecht sei, was Mugabe so machte, doch ich wollte keinen Streit vom Nachbarszaun brechen, zumal dies letztendlich dazu führen würde, dass Nico ihre Unterkunft verlor.

»Na, wir haben ja noch genug Zeit, zu reden.« Susan hatte bereits den gepflasterten Weg zu ihrem Prachtbau eingeschlagen, als sie sich noch einmal umdrehte. »Ich hoffe, du kannst gut am Computer arbeiten. Wir haben derzeit täglich mehrstündige Stromausfälle. Der alte Mann hat wahrscheinlich mal wieder seine Stromrechnung nicht bezahlt.« Lachend schlurfte sie davon, gefolgt von ihren acht blütenweißen, paranoid umherschnüffelnden Schoßhunden. Die Ähnlichkeit von Hunden und Halterin war nicht zu übersehen.

Nico hatte auf dem Markt einen Holztisch und zwei Stühle für mich besorgt. Das Problem war bloß, dass der Tisch nicht durch die Haustür passte, sodass ich ausschließlich im Garten arbeiten konnte. Meist war es sonnig, und das Halbschatten spendende Vordach sowie der Blick in den paradiesischen Garten bildeten eine perfekte Kulisse, um an meiner Reiseerzählung *Journeyman* zu schreiben. Wenn Nieselregen einsetzte, spannte ich einen kleinen Regenschirm auf und befestigte ihn in der Dachrinne. So schrieb ich mehrere Stunden am Tag, bis der Regen zu stark wurde oder der Akku meines Laptops leer war. Mugabe weigerte sich anscheinend weiterhin, die ausstehenden Rechnungen zu begleichen.

Susan oder Danny sah ich selten. Am häufigsten begegnete mir Henry, einer ihrer beiden Angestellten. Er gehörte dem Volk der Shona an und war ein sehr zurückhaltender Mensch. Nie hörte ich ihn kommen, stets bemerkte ich ihn erst, wenn er direkt vor mir stand.

»Good morning, Sir«, begrüßte er mich morgens mit einem schüchternen Lächeln.

»Good morning, Henry. How are you today?«, erkundigte ich mich.

»Very good, Sir, and you?«

»Very good, thank you.«

»Okay.«

Tag für Tag die immer gleiche Unterhaltung. Ich hätte ihn so gerne in ein Gespräch über die Kultur seines Volkes verwickelt, aber wann immer ich etwas fragte, was nicht in unserem Drehbuch stand, etwa, ob es seiner Familie gut ging oder für wann er heute den Stromausfall vermutete, entfernte er sich bereits leise, warf mir bloß ein weiteres »Okay« über die Schulter zu.

»Du musst mich nicht *Sir* nennen, Henry. Ich heiße Fabian«, nahm ich eines Morgens einen neuen Anlauf.

»Okay, Sir«, antwortete er und zog sich lächelnd zurück. Ich wusste nicht, wie Henry zu mir stand, aber mir war bewusst, dass er sich nicht auf mehr einlassen wollte als unsere täglichen Formalitäten. Man mischte sich nicht in Simbabwe.

Im Nu hatte ich ein Alltagsleben, als wäre ich schon Jahre hier. Ich hatte in den vergangenen Jahren nie mehr als ein paar Monate im selben Land verbracht und mich daran gewöhnt, es mir gleich nach meiner Ankunft heimisch zu gestalten. Jeden Morgen bei Sonnenaufgang weckten uns penetrante afrikanische Fliegen, die in Kamikazeattacken versuchten, etwas Speichel von unseren Lippen oder Tränenflüssigkeit von unseren verklebten Lidern zu ergattern. Selbst wenn es mir gelang, eines der vielen durstigen Insekten mit der Hand oder durch das Zusammenpressen meiner Lippen zu erledigen, war an Weiterschlafen nicht zu denken. Einmal schaffte ich es sogar, ein Jungtier zwischen meinen Wimpern einzuklemmen wie eine Venusfliegenfalle. Doch keiner ihrer Artgenossen wollte diese Warnung verstehen. Das Einzige, was half, war Kaffee. Nicht gegen die Fliegen, aber für unsere Morgenstimmung. Während Nico sich für die Arbeit zurechtmachte, bereitete ich Kaffee, Smoothies und Müsli vor. Gemeinsam aßen wir, bevor sie das Anwesen verließ und ich meinen Laptop aufklappte. Manchmal fuhr ich mittags mit dem Fahrrad durch die trockene Hitze, um Nico zum Lunch zu treffen. Wenn es beim Schreiben stockte, wanderte ich durch die Gassen unseres Viertels – auch das bald eine Routine. Abends gab es wenig zu tun. Das einzige Kino des Landes hatte schon vor Jahren geschlossen. Konzerte, Lesungen oder Theaterstücke wurden nicht unter der Woche angeboten, und wollte man mit dem Auto zu einem Restaurant fahren, musste man das in Schrittgeschwindigkeit tun, um den Schlaglöchern und Menschen ausweichen zu können, die sich nach Mugabes verpassten Zahlungen der Stromrechnungen im Dunkel der Nacht unter den lange erloschenen Straßenlaternen tummelten. Ich hatte noch nie einen so großartigen Sternenhimmel von einer Landeshauptstadt mit mehr als zwei Millionen Einwohnern aus bestaunen dürfen. Bei Kerzenschein lernte Nico Ukulele spielen, während ich las, oder wir ließen den Abend mit etlichen Runden Stadt-Land-Fluss-Spielen ausklingen. Nicht selten löschten wir die Kerzen noch vor neun Uhr abends, denn die simbabwischen Fliegen waren Frühaufsteher. Es war das erste Mal in meinem einunddreißigjährigen Leben, dass ich meinen Tagesrhythmus bewusst auf das Auf- und Untergehen der Sonne abstimmte.

»Hast du Lust, am Wochenende rauszufahren?«, fragte Nico am Ende der zweiten Woche. »Ich würde gerne jemanden treffen für ein Interview. Auf einer Farm im Umland.« Es klang geheimnisvoll.

»Wen denn?«

»Ich arbeite gerade mit einer kleinen Organisation zusammen, die von ehemaligen Bürgerkriegsveteranen gegründet wurde. Eine dieser Veteranen ist eine Frau namens Freedom, und die hat eine Menge zu erzählen. Was ist – kommst du mit?«

Freedom – ein verheißungsvoller Name. Vor allem in Anbetracht der Tatsache, dass simbabwische Kinder meist einen Vornamen bekommen, der etwas über die Umstände ihrer Entstehung und die Erwartungshaltung ihrer Eltern preisgibt. Blessing, Hope und Precious sind beliebte Vornamen, aber es gibt auch Hopeless, Whitness oder Nomore (wie in Großfamilien bisweilen die jüngsten Söhne oder Töchter heißen). Anscheinend waren die Shona offene Menschen – und gelegentlich sogar schonungslos offen.

Dass Freedom tatsächlich für die Freiheit ihres Landes gekämpft hatte, machte es umso spannender.

Nach einer langen Fahrt über staubige rote Schotterpisten wurden wir von einem Pick-up-Truck am offenen Tor eines umzäunten Geländes empfangen. Sobald der Fahrer uns entdeckt hatte, bedeutete er uns, ihm zu folgen. An einem abgelegenen Wasserloch kamen wir zum Stehen. Ein paar Zelte standen entlang des Ufers und ein kleiner Pavillon auf einer Böschung. Hinter dem Wasserloch verlor sich der Blick in unendlicher Weite, der Horizont verschwamm mit den hypnotisierenden Bewegungen des Steppengrases im Wind, während die Hitze Schlieren im wolkenlosen Blau des Himmels zog. Eine Frau stieg in schwerer Montur aus dem Truck und kam in ausgelatschten Lederstiefeln auf uns zu. Lange, drahtige Dreadlocks schwangen ihr steif um die Schultern. Wache, dunkle Augen in einem runden, narbenzerfurchten Gesicht fixierten uns schon aus der Ferne. Ein stolzes, lückenhaftes Lächeln. So also sah die Freiheit aus. Sie muss hart erkämpft gewesen sein.

»Hallo, Nico, schön, dass ihr da seid. Geht schon mal zum Pavillon und macht es euch gemütlich. Ich komme mit Getränken nach.« Freedoms Stimme klang rau und zugleich zärtlich.

Bei eisgekühlter Cola begann sie wenige Minuten später zu erzählen.

Freedom war die Jüngste von acht Geschwistern und schon früh auf sich selbst gestellt. In der Zeit des freien Rhodesiens, nachdem der Premierminister Sir Ian Smith die Unabhängigkeit von der Krone erwirkt hatte, um die Abschaffung der Sklaverei und freie Wahlen zu verhindern, verschlechterte sich die Situation zunehmend. Ähnlich wie im benachbarten Südafrika entwickelte sich ein Apartheids-Staat. Nachdem der östliche Nachbar Mosambik sich mithilfe von sozialistischen Staaten, allen voran der Sowjetunion, 1975 die Unabhängigkeit von Portugal erkämpft hatte, sahen Teile der schwarzen Bevölkerung ihre Chance, es dem Nachbarn gleichzutun. Manche Partisanen wurden in Mosambik zu Guerillas ausgebildet, andere sogar direkt vom KGB. Als sich die Chance des Widerstandes abzeichnete, wurde die Formulierung politischer Ziele notwendig. Eine Gruppe von Intellektuellen unter der Führung von Robert

Mugabe gründete die Oppositionspartei ZANU-PF, um auf den Sieg des Bürgerkrieges und die Regentschaft vorbereitet zu sein. Zu diesem Zeitpunkt war Freedom sechzehn Jahre alt und wollte unbedingt dabei sein. Sie überredete eine Gruppe von Freunden, frühmorgens aufzubrechen, mit dem Bus nach Mutare zu fahren und dann das östliche Gebirge der Chimanimani Mountains zu überqueren – und damit die Grenze nach Mosambik. Nur einer ihrer Freunde traute sich tatsächlich, diese Reise anzutreten.

»Als Tongai und ich die Felsen überwunden hatten und das Plateau erreichten, wurden wir von einem Gewitter überrascht und beinahe von einem einschlagenden Blitz getroffen«, erzählte sie. »Mein Leben wäre fast vorbei gewesen, noch bevor es richtig begonnen hatte. Bevor ich zu dem Menschen wurde, der ich heute bin.« Freedom klang nachdenklich. Ihre Reise in ein neues Leben hatte zahlreiche Risiken geborgen. »In der Nacht waren wir umzingelt von Hyänen. Weil die Tiere nicht von vorne angreifen, blieben wir Rücken an Rücken stehen, stundenlang. Der Mond schien hell genug, dass sie unsere Gesichter erkennen konnten, sie sahen unsere Augen und wagten sich nicht näher heran. Wäre einer von uns beiden eingeschlafen, wäre das unser Todesurteil gewesen.«

Ein Anflug von Stolz streifte ihr Gesicht. Freedom lächelte, und in diesem Augenblick fand ich sie schön. Genau wie die wilde Landschaft, von der sie sprach. Sie hatten es geschafft, den Hyänen zu entkommen, der Wasserknappheit und den tückischen Felsschluchten. Und obwohl weder sie noch ihr Freund je eine Karte der Region in der Hand gehalten hatten, kamen sie nach drei Tagen und zwei schlaflosen Nächten auf der anderen Seite der Bergkette an, wurden von einer Patrouille der FRELIMO, der mosambikanischen Freiheitsarmee, aufgelesen und in ein Ausbildungscamp gebracht.

Es war die Geburt der Freedom, die an diesem ruhigen Herbsttag in einem Savannenzelt bei eisgekühlter Cola vor uns saß und der ich jederzeit zutraute, dass sie ohne Zögern erneut zur Waffe griff, um ihre Freiheit zu verteidigen. Nachdem sie die Grundausbildung in Mosambik durchlaufen hatte, wurde sie an der Nordgrenze, nahe des Kariba-Sees, zurück nach Simbabwe geschleust. Da sie zu den wenigen Kämpfern gehörte, die lesen und schreiben konnten, bot sie sich schon früh für wichtige Aufgaben an.

Freedom lebte als eine von wenigen Frauen zwischen Männern, und sie litt darunter. Von ihren Vorgesetzten wurde sie vergewaltigt und gedemütigt. Ihre Unschuld verlor sie an ihren Befehlshaber, der sie mit üppigen Mahlzeiten und Hwahwa, einem alkoholischen Gebräu aus Mais, in sein Zelt lockte und vergewaltigte. Aber das lag lange hinter ihr. Ich staunte, wie abgeklärt sie davon sprach, beinah, als wäre es nicht ihr passiert, sondern einer anderen. Freedom klang nicht zynisch, als sie sagte, sie habe Glück gehabt: »Viele meiner Kameradinnen wurden schwanger, daraufhin abgezogen und in Flüchtlingscamps gesteckt. Ich ertrug es nur, weil ich nie vergaß, warum ich dort war. Wenn wir den Kampf gewannen, wären wir frei, dann wäre auch ich frei und würde das alles hinter mir lassen.«

Freedom kämpfte, und sie tötete. Sie war gut darin, auch weil sie sich das Ziel der Unabhängigkeit zur Lebensaufgabe gemacht hatte. Als ihr Befehlshaber auf dem Schlachtfeld starb, übernahm sie seinen Posten: eine der wenigen weiblichen Field Operation Commander der simbabwischen Widerstandsbewegung. Fünf Jahre später galt der Bürgerkrieg als gewonnen, Robert Mugabe installierte sich mit seiner ZANU-PF als neue Regierung.

»Die Freude war unbeschreiblich, zumindest am Anfang. Aber bald wurde klar, dass es nicht nur Schwarz und Weiß gab. Die verschiedenen Völker unseres Landes konnten sich nicht auf eine gemeinsame Linie einigen. Irgendwann formte sich eine Opposition, die an der Absetzung Mugabes arbeitete. Aus Angst vor Vergeltung und davor, dass die Weißen wieder an die Macht kämen, nahm dieser jegliche Verluste in Kauf, um an der Macht zu bleiben. Seit wir uns die Unabhängigkeit erkämpft haben, sind viele Menschen gestorben. Vielleicht mehr als während des Krieges.«

Freedom war mittlerweile fast fünfzig Jahre alt. Sie hatte einen Sohn, und auf ihrem Stück Land bot sie Safari-Touren an. »Die Zustände in meinem Land sind besorgniserregend. Ich habe dem bewaffneten Kampf abgeschworen. Jetzt schreibe ich politische Gedichte und veröffentliche sie, in meinem Land und auf der ganzen Welt. Es geht mir um ein Umdenken. Ich will, dass die Menschen in Simbabwe lernen, Konflikte gewaltlos zu lösen. Mit Worten können wir mehr erreichen als mit Waffen.«

Freedom verstummte und ließ den Blick über die Savanne gleiten.

* * *

Vier Jahre später sitze ich wie damals in der simbabwischen Steppe neben Nico auf einem Plastikstuhl – doch diesmal im Krankenhaus – und denke an die Widmung, die Freedom in einen Gedichtband geschrieben hat, der bei uns zu Hause im Regal steht. Das war vor unserer Begegnung in der Wüste. Nico hatte sie bei einer NGO-Konferenz reden hören und gebeten, eines ihrer Bücher für mich zu signieren. In runder Handschrift steht dort:

Traveller, your path is made by walking.

Freedom wusste nicht, dass ich ein Buch über das Reisen veröffentlichen würde. Und jetzt erst begreife ich die volle Bedeutung ihrer

Worte. Es liegt nun an uns, an Nico und mir, den Weg auf uns unbekanntem Terrain selbst zu definieren. Um uns herum wandern keine Elefanten und keine Leoparden, es kommen und gehen Ärzte und Krankenschwestern. Die Weiten der subsaharischen Steppe sind verschwunden, als wäre ein weißer Karton über uns gestülpt worden, aus dessen Wänden bunte Kabel ragen, die mit elektronischen Geräten verbunden sind. Anstatt Freedoms spannenden Geschichten lauschen wir gebannt den Herztönen unserer Tochter. Unweigerlich stellt sich mir die Frage, welchen Namen wir ihr nach der Tradition der Shona hätten geben müssen. Difficulty? Sorrow? Oder gibt es da Spielraum für Interpretation?

Seitdem ich Yanti kenne, und das sind erst drei Tage, wirkt sie auf mich wie ein in sich ruhender buddhistischer Mönch. Stets den Anflug eines Lächelns auf den Lippen, umhüllt von roten oder orangefarbenen Tüchern, die wegen ihrer farblichen Ähnlichkeit mit der Gebärmutter beruhigend auf Neugeborene wirken sollen. Egal, ob wir sie mit unserer Freude, Trauer oder Panik aufgrund einer niedrigen Sauerstoffsättigung überschütten – Yanti ist die Ruhe selbst. Warum verwundert mich das? Übersetzt aus dem Indonesischen bedeutet Yanti in etwa »das Selbst, das jeder in sich trägt«. Im hinduistischen Glauben wird damit auch die Göttin Parvati bezeichnet, eine geduldige und freundliche Persönlichkeit. Anscheinend lagen wir doch nicht so weit daneben, als wir uns für diesen Namen entschieden.

»Erinnerst du dich an Freedom?«

»Hmm?« Nico schreckt auf. »Freedom, ja. Es kommt mir wie eine Ewigkeit vor, dass wir sie besucht haben.«

Freedom ist einige Wochen vor Yantis Geburt unter mysteriösen Umständen gestorben. Ich erhielt eine E-Mail mit der Anfrage, ob man eines meiner Fotos von Freedom Nyamubaya für einen Zeitungsartikel zu Ehren der großen Freiheitskämpferin und Poetin benutzen dürfe.

Die Freiheit war von uns gegangen.

Inständig hoffe ich, dass sie nicht verloren ist, sondern zurück-gekehrt, in einem anderen Körper. Und dass Yanti frei sein wird, ein selbstbestimmtes Leben führen kann und niemals diese innere Ruhe verliert.

* * *

Wenn im Spätsommer die Jacaranda-Bäume geblüht haben und einen Monat später ihr farbenfrohes Gewand abwerfen, verwandeln sich die rotbraunen, von Rissen und Schlaglöchern malträtierten Straßen Simbabwes in purpurne Zauberflüsse. Als hätte sich ein Regenbogen entschlossen, einen Farbbrei abzustreifen und die Straßen der Stadt zu fluten. Ein paar Tage läuft man über einen Teppich aus lila Blüten, bis sie ihren Zauber wieder verlieren, eins werden mit der modrigen Farbe des Untergrunds.

Der Zauber der Jacaranda-Blüten, Freedoms warme raue Stimme. Ich dachte oft an ihre Zeit bei den Guerilla-Kämpfern und an ihr Verlangen nach Freiheit und Selbstbestimmung. Freedom ließ mich das Land und seine Einwohner in einem neuen Licht sehen. Das Chimanimani-Gebirge, welches sie als 16-Jährige überqueren musste, war zu Zeiten des wirtschaftlich starken Rhodesiens ein beliebtes Ausflugsziel für Touristen. Doch wie die vielen Geisterhöfe des Landes standen jetzt auch zahlreiche Unterkünfte für Reisende leer und rotteten vor sich hin.

Nico und ich wollten diese Landschaft sehen, in der Freedoms neues Leben anfing und die sie so lebhaft beschrieben hatte, auch wenn sie beinahe darin umgekommen wäre. Also traten wir an einem Freitagnachmittag die acht Stunden lange Fahrt nach Chimanimani am Fuße der Gebirgskette an. Da es nicht ganz so schnell voranging wie gedacht, machten wir am Abend halt in Mutare und brachen am frühen Samstag wieder auf, um das letzte Stück über Schotterpisten wach und aufmerksam zurückzulegen.

Was nach unserer Ankunft vor uns aufragte, sah aus wie eine fast senkrechte Steilwand. Wir hatten gehört, es gäbe einen Pfad, der uns vom einzigen Bergführer der Region beschrieben werden würde. Als ich von außen an die Scheibe seiner Hütte klopfte, blickte er von seinem Schreibtisch auf, als würde er das Schlimmste erwarten. Seine Hütte war mindestens eine Autostunde vom nächsten Dorf entfernt, und offenbar hatten sich lange keine Safari- oder Wandertouristen mehr bei ihm blicken lassen. Mit einem Ausdruck von Erleichterung sah mich der Shona an und deutete zur Eingangstür, während er sich erhob.

»Hallo?«

Auf seinem Schreibtisch stapelten sich große, gebundene Bücher mit zahlreichen Lesezeichen darin. Überhaupt gab es in dieser Ein-Zimmer-Baracke kaum mehr als Bücher, einen Schreibtisch und ein kleines Bett.

»Hallo – wir würden gerne in den Bergen wandern gehen. Man sagte uns, dass Sie uns eine Karte geben könnten, damit wir den Weg finden«, erklärte ich.

»Ja, also eine Karte gibt es nicht. Aber der Weg ist mit gelben Pfeilen markiert. Denen müssen Sie nur folgen. Irgendwann erreichen Sie den Pass, der Sie zu Ihrer Unterkunft bringt. Die Haustür steht offen. Es gibt ein Zimmer mit Matratzen und Schlafsäcken, der Schlüssel liegt oben auf dem Türrahmen.« Er hielt kurz inne und schaute uns an. »Haben Sie genügend Wasser dabei?«

»Wir dachten, dass wir uns unterwegs noch etwas besorgen

könnten, aber es gab kein Geschäft mehr in der Nähe. Ist das ein Problem?«

Er schüttelte langsam den Kopf. »In der Nähe der Unterkunft fließt ein kleiner Bach. Den müssen Sie finden, bevor es dunkel wird, sonst wird es gefährlich. Folgen Sie den alten Wasserrohren, die vom Haus wegführen. Aber trinken Sie nichts von dem Wasser, das aus den Rohren kommt.«

Anstatt mehr über die Gefahren der Dunkelheit oder des Rohrwassers in Erfahrung zu bringen, ließ ich mich zu der Frage hinreißen, was er hier eigentlich den ganzen Tag machte.

»Ich studiere. Englische Literatur.«

»Sie arbeiten also gar nicht als Bergführer?«, fragte ich verwundert.

»Nein, es ist nur ein Job, damit ich mir das Studium finanzieren kann. Meine Familie ist sehr arm. Hier bin ich zwar alleine, aber das ist auch ganz gut. So kann ich in Ruhe lernen und gebe wenig Geld aus. Zweimal die Woche kommt ein Lieferant mit Essen. Ach, da fällt mir etwas ein.« Er drehte sich um und wühlte sich durch einen Stapel Bücher. Fand nicht, was er suchte, überlegte kurz und ging zu einem anderen Stapel, um ein kleines Notizbuch hervorzuziehen. Er pustete den roten Staub vom Einband und schlug die Seite mit dem Lesezeichen auf.

»Sie müssen sich hier eintragen, damit wir wissen, dass Sie da oben sind. Falls jemand nach Ihnen fragt.«

»Wer sollte nach uns fragen?«

»Ach, das ist für die Statistik.« Er zuckte mit den Schultern. »Und falls Sie nicht zurückkommen.«

»Wieso sollten wir nicht zurückkommen?«

»Hier einfach Name, Herkunft und die Nummern Ihrer Reisepässe eintragen, okay?«, überging er meine Frage.

Ich schrieb meinen Namen direkt unter den zuletzt eingetragenen. Ein Brite namens Christopher, der sich vor zwei Jahren aufgemacht hatte und hoffentlich auch wieder zurückgekehrt war. Eines wollte ich vor unserem Aufbruch noch wissen.

»Gibt es irgendwelche gefährlichen Tiere da oben?«, fragte ich den jungen Mann. Der schien kurz zu überlegen.

»Eigentlich nicht«, lautete seine wenig überzeugende Antwort. Ich vermutete, dass er selbst noch nie dort oben gewesen war, hielt aber meinen Mund. Diese Blöße wollte ich ihm ersparen.

Nico und ich hatten die Rucksäcke schon gepackt. Wir holten die halb volle Wassergallone aus dem Wagen und begannen den Aufstieg.

Bald gelangten wir zur ersten Weggabelung.

»Siehst du irgendwo einen gelben Pfeil?«, fragte ich Nico, die sich genauso ratlos umschaute.

»Nein. Meinst du, wir sind richtig?«

»Wir können uns doch nicht jetzt schon verlaufen haben. Es ging doch bisher nur geradeaus.«

»Lass uns einfach unserer Intuition folgen. Auf drei sagen wir gleichzeitig entweder links oder rechts. Wenn wir übereinstimmen, haben wir eine Entscheidung«, lautete ihr Vorschlag.

»Okay. Du zählst.«

»Alles klar. Eins ... zwei ...« Nico zählte an, und auf drei trafen wir unsere Entscheidung.

»Rechts.«

»Links.«

»Super. Was versuchen wir als Nächstes? Eine Münze werfen?«, fragte ich enttäuscht.

»Warte mal.« Nico schien etwas entdeckt zu haben. Mit ein paar Schritten war sie bei einem Felsvorsprung und schob die Äste eines Buschs zur Seite. »Das ist doch ein gelber Pfeil, oder?!« Ihre Stimme klang hoffnungsvoll.

»Also, ich weiß nicht«, überlegte ich, während ich den Kopf

schräg legte, bemüht, das Zeichen zu deuten. »Es mag ein gelber Pfeil sein – oder auch irgendein vertrockneter Moosrest in einem Gesteinsriss.«

Nico sah mich abwartend an, die Augenbrauen angehoben.

»Ja, vielleicht ist es ein Pfeil«, ergab ich mich. »Lass es uns versuchen.«

Durch unwegsames Dickicht und über glitschige Schlammhänge kämpften wir uns aufs erste Plateau, wo wir einen weiteren gelben Pfeil fanden. Diesmal war es eindeutig einer. Vorbei an tiefen Abhängen und über scharfkantige Felsen erreichten wir die Steilwand. Sie war nicht senkrecht, wie es von der Straße aus den Eindruck erweckte, aber es fehlte nicht viel an einer Neunzig-Grad-Steigung. Gemeinsam drückten und zogen wir uns gegenseitig die kleinen Felsvorsprünge hinauf, immer höher und steiler. Die Wanderung war längst in eine Kletterei ohne Sicherung ausgeartet, und ich stellte mir vor, wie die junge Freedom diese Felsen damals mit ihrem Kumpan bezwungen hatte: in freudiger Erwartung darauf, jenseits des Gebirges zu einer Kriegerin geformt zu werden. Immer wieder hielt ich inne, um nach Luft zu schnappen, die mit jedem Meter dünner und kälter wurde, und auch, um das immer weiter gefasste Tal zu bestaunen.

»Wir haben bald kein Wasser mehr«, bemerkte Nico, während wir rasteten.

»Jetzt schon? Scheiße! Wir haben den Pass bald erreicht. Dann ist es bestimmt nicht mehr so anstrengend«, versuchte ich vor allem mich selbst zu beruhigen.

Die letzten Höhenmeter bezwangen wir auf allen vieren, bis wir uns endlich auf das oberste Plateau hievten. Da die Sonne schon ziemlich tief stand, erlaubten wir uns keine weitere Pause, setzten unseren Weg stoisch fort, jeder in sich gekehrt, um die letzten Energiereserven nicht durch Plaudern zu vergeuden.

Es ging einige Kilometer durch hohes ausgeblichenes Gras, bis wir auf eine merkwürdige, surreale Landschaft stießen. Mehrere Meter hohe weiße Felsblöcke lagen vor uns verstreut, und der Boden war mit Kalk gepudert. Ganz weich, als wäre die Staubschicht erst vor Kurzem hier niedergegangen. Keine Pflanze wuchs ringsum, kein Vogel ließ sich hören, kein Insekt, kein Wind und auch sonst nichts, was an Leben erinnerte. Dieser Ort hatte nichts Irdisches, eher fühlte ich mich, als wären wir aus dem simbabwischen Hinterland geradewegs auf den Mond geklettert. Bis dieser Eindruck getrübt wurde. Abrupt blieb ich stehen, so dass Nico, die ihren Blick beim Gehen wie ich auf den Boden gerichtet hatte, mit ihrem Gesicht in meinem Rucksack landete.

»Was ist los?« Sie klang alarmiert.

»Siehst du das?«, fragte ich leise und deutete auf den Boden direkt vor meinen Füßen.

»Was ist das?«

»Das sind Abdrücke. Tatzenabdrücke. Ziemlich große sogar.«

»Was für ein Tier mag das gewesen sein?«, fragte sie nachdenklich. Plötzlich wich sie zurück und schaute mich an. Ich wusste, dass sie an das Gleiche dachte wie ich. Freedom.

»Hyänen«, flüsterte ich und sah mich nach allen Seiten um. Dieser verfluchte Pseudo-Bergführer hatte also wirklich keinen Schimmer, was hier oben los war. Englische Literatur hatte meines Wissens noch niemandes Leben gerettet.

»Und jetzt?«

»Ich glaube, wir sind bald da. Da vorne beginnt schon der Abstieg ins nächste Tal. Die Unterkunft kann nicht mehr weit sein.«

Wachsam gingen wir weiter, bedacht darauf, so leise wie möglich einen Fuß vor den anderen zu setzen. Und tatsächlich:

Nach kurzer Zeit endete die Kreidelandschaft abrupt an einer Felskante und wich einer saftig-grünen Szenerie, die aussah, als wäre sie noch nie von der Anwesenheit eines Menschen gestört worden. Ich war mittlerweile so dehydriert, dass es mich nicht gewundert hätte, wenn plötzlich eine Horde Saurier in wildem Zickzack durch das Tal gerannt wäre, auf der Flucht vor einem hungrigen Tyrannosaurus Rex. Dann streifte mein Blick etwas, das nicht hierher zu gehören schien und gleichzeitig den Anschein erweckte, schon immer hier gewesen zu sein. Ein altes, aus Stein gemauertes Gutshaus thronte auf einem Felsvorsprung über dem Tal.

»Na endlich!« Nico machte keinen Hehl aus ihrer Erleichterung und stieß einen langen Seufzer aus.

Die Tür war nicht nur unverriegelt, sie stand sogar einen großen Spaltbreit offen.

»Warte!«, hielt ich Nico auf, die schon die Tür aufstoßen wollte. »Ich hole einen Stock. Nicht, dass plötzlich ein Tyrannosaurus vor uns steht.«

Nico erstarrte. Offenbar wusste sie nicht, was sie von dieser Vorstellung halten sollte. Mit einem ausgerissenen Baumstumpf, den ich zur Not auch als Knüppel hätte verwenden können, stieß ich die Tür auf. Mit einem lauten Knarzen schwang sie gegen die Wand und blieb scheppernd stehen. Vor uns tat sich ein Atrium auf, das an ritterliche Zeiten erinnerte, mit einem prunkvollen Kamin, flankiert von zwei langen, massiven Holztafeln. Ein schmiedeeiserner Kronleuchter hing wachsgetränkt von der fast zehn Meter hohen Decke. Einige ausgebrannte Holzscheite und Aschereste waren die einzigen Zeugen von vergangenem Leben. Ob sie erst zwei Tage, zwei Wochen oder zwanzig Jahre dort lagen, verrieten sie nicht. Eine Seitentür führte in den hinteren Flügel des Gebäudes. Dicht hintereinander gingen wir im Gänsemarsch darauf zu. Ich lugte um die Ecke und sah zwei Türen, die zu weiteren Zimmern führten. Im ersten stand ein hölzernes Bettgestell. Darunter häuften sich Überreste von zernagtem Matratzenfutter. Im zweiten Zimmer stapelten sich mehrere Matratzen, auch sie längst von den hier ansässigen Nagetieren ausgeweidet und somit unbrauchbar. Schlafsäcke gab es nicht. Aber immerhin auch keine Hyänen. Dennoch war es ein Ort trügerischer Einsamkeit.

»Wir werden es uns schon gemütlich machen. Erst mal ein Feuer im Kamin anfachen, und dann wärmen wir uns einfach gegenseitig. Ich habe zwei große Tücher dabei, die können wir auf dem Boden ausbreiten, damit wir nicht auf den Steinfliesen schlafen müssen«, schlug Nico beim Anblick der zerrupften Matratzen vor.

»Ja, irgendwie werden wir die Nacht schon überleben«, gab ich meine letzte vorhandene Prise Optimismus in den Moraltopf. »Lass uns aber erst mal den Bach suchen, damit wir zumindest den Tod durch Verdursten ausschließen können.«

Kreuz und quer jagten wir über das Gelände, auf der Suche nach dem lebensrettenden Element. Von der gegenüberliegenden Gebirgsseite musste es aussehen, als markierten wir unser Revier. Die Sonne war schon hinter einem der umliegenden Berggipfel verschwunden, als ich doch noch, eher zufällig, über eines der alten Wasserrohre stolperte. Ich folgte ihm mehrere Minuten über Felsen und Schluchten und machte endlich das erlösende Geräusch eines fließenden Gewässers aus.

»Heeeey!«, rief ich aufgeregt Nico zu, die auf der anderen Seite des Hauses nach Wasser suchte, und winkte ihr mit beiden Armen. »Gefuuundeeeeeen fuuundeeeeeen undeeee!«

Ich hoffte, dass sich meine Nachricht über das Echo bis zu ihr vorarbeiten würde. Einen Augenblick später warf sie ihre Arme in die Luft und führte einen stillen Freudentanz auf. Durch das

Tal zu ihren Füßen ging ein Windstoß, sodass die Kronen der Bäume sich im Einklang mit Nico bewegten. Gemeinsam tanzten sie lautlos im Abendrot zur Melodie des Glücks, das ich in diesem Augenblick verspürte. »Sie und niemand sonst«, dachte ich, während ich lächelnd Nicos Bewegungen verfolgte und wieder einmal nicht wahrhaben konnte, dass wir uns zwanzig Jahre Zeit gelassen hatten, um diese Abenteuer gemeinsam zu erleben. Ich reckte die Faust in die Höhe und füllte anschließend unsere leere Gallone, indem ich sie an einem Stück Schnur durch die verkeilten Felsen abseilte, bis der Bach sie auffüllte. Ich kam mit neuer Energie im Laufschritt zurück zum Haus und präsentierte in Jubelpose meine Errungenschaft.

»Als Nächstes benötigen wir Holz«, stellte Nico fest, nachdem wir beide unseren Durst gestillt hatten. »Ich habe schon ein bisschen Reisig zum Anfachen gesammelt. Aber wir brauchen noch ein paar dickere Äste, damit die Glut nachts nicht so früh erlischt. Und das Feuer wird die Tiere fernhalten.«

Vor nicht einmal fünf Stunden hatten wir noch in einem klimatisierten, allradbetriebenen Geländewagen gesessen und uns mit Feuchttüchern den roten Staub aus den Nasenlöchern gepult. Doch die Situation verlangte, dass wir uns auf sie einließen. Wir mussten unsere Grundbedürfnisse abdecken. Nico und ich waren im Aussteigermodus angekommen. Pünktlich zum Anbruch der Nacht brannte ein Feuer im Kamin, darauf stand ein Topf mit frischem Quellwasser und Gemüse, das wir mitgebracht hatten. Nico gab zwei Päckchen Instantnudeln zur Aufstockung der Kohlehydratreserven dazu, und wir genossen ein Candle-Light-Dinner in unserer heruntergekommenen, ehemals stolzen kolonialen Behausung. Unheimlich – aber wunderbar romantisch.

»Kennst du die Geschichte mit dem Pärchen, dem nachts im Wald das Benzin ausgeht? Und der Mann geht los, um eine

Tankstelle zu suchen?«, fragte Nico, nachdem wir uns die Zähne geputzt hatten und im Begriff waren, uns vor den Kamin zu legen.

»Vergiss es. Ich kenne die alte Schauergeschichte und will sie nicht hören.«

»Und irgendwann hört die Frau ein dumpfes Geräusch, es ist ganz nah …«

»Ich will es nicht hören!«

»Bumm, bumm, bumm, hämmert es aufs Autodach.« Nico gab dem Geräusch eine Geste, ihre Hände hielten etwas, schlugen damit rhythmisch auf ein imaginäres Autodach.

»Laaaa, laaaa, laaaa!« Ich hielt mir die Ohren zu und summte vor mich hin, sah aber weiterhin Nico, die pantomimisch die Geschichte weitererzählte, abwechselnd in die Rolle der Frau im Auto und die des verrückten Mörders schlüpfte, der mit dem abgeschlagenen Kopf des Ehemannes auf das Autodach schlug. Ich schrie und lachte und flehte und wusste, dass meine Phantasie neben Hyänen und Dinosauriern nun auch verrückte Mörder heranziehen würde, wenn ich beim Einschlafen auch nur ein weit entferntes Knistern hörte.

Mit dem Stück Schnur, das ich schon benutzt hatte, um Wasser aus dem Bach zu fischen, band ich die Tür zu. Dem Zufall wollte ich es nicht überlassen, wer oder was uns heute Nacht überwältigte. Nur einen Spalt ließ ich offen, damit das dem Kamin entweichende Kohlenmonoxid nicht unser Vollstrecker sein würde.

»Ich find dich ziemlich toll«, sagte ich zu Nico, als wir uns vor dem Kaminfeuer aneinanderschmiegten, um der Höhenkälte, die durch die offenen Ritzen des Hauses zog, entgegenzuwirken. Bald schliefen wir erschöpft auf dem harten, aber mittlerweile angenehm aufgewärmten Steinboden ein. Mitten in der ausgekühlten Nacht, als dem Kamin bloß noch kleine Rauchfäden in den Schlot entschlichen, schreckten wir auf. Es war kein plötzliches Aufwachen, bei dem man sich verwirrt fragt, wo man ist. Es war ein sofortiges Hellwachsein, im Bruchteil einer Sekunde auf den Beinen, den Knüppel in der Hand, um sich vor einem Angriff schützen zu können. Irgendetwas war durch das Fenster hereingekommen und auf einen der Holztische gesprungen. Ein kratzendes Geräusch, verursacht durch schleichende Bewegungen mit ungestutzten Krallen. Es war zu dunkel, um irgendetwas erkennen zu können, zu laut wütete der Wind im Tal, als dass wir den nun verharrenden Eindringling hätten ausmachen können. Eine Ratte, eine Hyäne, ein Leopard oder gar ein junger T-Rex? Alles schien möglich.

»AHHHHHHHHHH!« Ich brüllte abschreckend in die Richtung, wo ich das Ding vermutete. »HAAAA HAA HAAA!«, schrie Nico Richtung Fenster. Keine Reaktion. Ich tastete nach dem Feuerzeug in meiner Tasche, hielt es am ausgestreckten Arm wie eine zweite Waffe und zündete die Flamme. Nichts. Wie konnte das sein?

»Siehst du etwas?«, flüsterte Nico und versuchte ihre Panik zu unterdrücken.

»Nein. Wo kann es sein?« Ich durchleuchtete den Raum, fand aber keine Anzeichen einer fremden Gegenwart. Also ging ich auf den Tisch zu, vorsichtig, mit kleinen Schritten, und sah dort tatsächlich etwas liegen. In dem Moment, als es vollends im Schein des Feuerzeugs erkennbar wurde, bewegte sich das Ding kratzend auf mich zu. Reflexartig sprang ich zurück, womöglich wollte es mich anfallen. Dabei erlosch die Flamme, was bei uns erneut Panik auslöste, wir fluchten, umarmten uns und stießen einander wieder weg, um wieder Herr und Frau der Lage zu werden. Ich zündete ein zweites Mal die Flamme. In Zeitlupe bückten wir uns beide, sahen unter den massiven Holztisch, wo wir das Tier vermuteten. Sofort stieg mir heiße Schamesröte ins

Gesicht. Eine der Plastikverpackungen der asiatischen Instant-nudeln lag dort unten. Vermutlich hatten wir sie während der Essenszubereitung auf den Tisch gelegt. Als der Wind auffrisch-te, hatte sie sich selbstständig gemacht und war langsam über den Holztisch gewandert. Das, was uns Angst gemacht hatte, gehörte nicht hierher, ein Fremdkörper, der sich, nachdem er kurz zuvor noch in dem schlecht sortierten Supermarktregal einer afrikanischen Großstadt gelegen hatte, nicht sicher zu sein schien, was er hier oben überhaupt machte. Ähnlich wie wir selbst.

Genau das war es, was diesen Moment so besonders machte. Im Fremdsein spürte ich mich mehr als in der Sicherheit des Altbekannten. In diesem Land der Gegensätze war ich auf eine schwer zu greifende Art mehr zu Hause als in Deutschland. Das war das Leben, das ich führen wollte.

Ein Leben, das mir vorkommen würde wie drei Leben, wenn ich irgendwann darauf zurückblickte. Ich wollte die Zeit deh-nen, indem ich den Alltag eines geregelten Lebens aufbrach mit Dingen, die ich noch nie getan hatte, mit aufregenden Pre-mieren, Abenteuern, emotionalen und Adrenalin spendenden Momenten. Das alles wusste ich bereits, als ich Nico in Afrika besuchte. Aber jetzt, während der Wanderung auf Freedoms Spuren, begriff ich, was ich als kleiner Junge in den Wäldern bei Bremthal nur unklar gespürt hatte: Dieses Leben funktionierte entgegen jeder Erwartung auch an der Seite eines Menschen, der längst Teil meiner Welt war. An Nicos Seite.

»Jetzt muss ich mal«, flüsterte Nico, deren Anspannung nach-zulassen schien.

»Vergiss es!«, sagte ich bestimmt. »Nach der Nummer eben ist das Letzte, was ich jetzt gebrauchen kann, dass du auf dem

Weg zum Plumpsklo von einer Meute Hyänen gerissen wirst.«
Ich hielt kurz inne, um über meinen im Affekt gesagten Satz
nachzudenken. »Das klingt so absurd, dass es wahrscheinlich
sogar passieren könnte.«

»Aber ich kann nicht mehr! Ich muss jetzt wirklich.«

»Dann geh wenigstens nicht durch das offene Gelände bis
zum Klo«, bat ich sie.

»Ich pinkle doch nicht vor die Tür!«, erklärte Nico konsterniert.

»Entweder vor die Tür oder gar nicht. Und ich leuchte währenddessen die Umgebung ab.«

Nico seufzte. »Na gut. Einverstanden.«

Es blieb eine unruhige Nacht, in der wir froren und kaum
Schlaf fanden. Erst, als die Sonne sich bei Tagesanbruch wär-
mend über die niedrigeren Gipfel der Chimanimanis schob,
kamen die Lebensgeister und damit unsere Vernunft zurück.
Die Landschaft war atemberaubend schön. Kaum zu glauben,
dass sie uns nur aufgrund der Abwesenheit von Licht so sehr
geängstigt hatte. Als ich die Schnur von der Tür löste und auf
die Terrasse trat, zu deren Füßen sich das Tal in den warmen
Tönen der Morgenröte auftat, konnte ich noch erkennen, wo
Nico sich erleichtert hatte, und schüttelte den Kopf ob meiner
Übervorsicht. Ich schloss die Augen und atmete die kitzelnden
Sonnenstrahlen ein.

Als ich den ersten Schluck heißen Granulatkaffee nehmen
wollte, ertönte eine Stimme in meinem Rücken: »Guten Morgen.«

Der Mann war etwa in meinem Alter. Urplötzlich verpuffte
der Zauber. Wir waren nicht allein hier draußen, auf uns und
unsere Überlebensfähigkeit gestellt. Es war der Weckruf am
Morgen, der mich zurück in die Realität wuchtete, heraus aus
dem Traum vom aufregenden Aussteigerleben. Der Mann er-

zählte, er käme aus Israel, habe die letzten zehn Tage mit seiner Freundin die umliegenden Berge bestiegen und nachts in einem Zelt geschlafen. Letzte Nacht hätten sie es an der Rückseite des Hauses aufgeschlagen.

»Wieso habt ihr so geschrien? Ihr habt uns einen ganz schönen Schrecken eingejagt«, fragte er mich.

Selten kam ich mir als Pseudoabenteurer leichter enttarnt vor als jetzt. Wie einfach es war, sich selbst etwas vorzugaukeln.

Der Abstieg zurück in die Zivilisation war nurmehr ein leichtes Unterfangen.

Ich blieb noch zwei Monate in Simbabwe, arbeitete wochentags an meinem Schreibtisch unter freiem Himmel. Die Wochenenden nutzten Nico und ich, um das Land zu bereisen. Wir beobachteten wild lebende Elefanten, spürten Warzenschweine und Antilopen auf und besuchten überfütterte Löwen in schlecht geführten Tierparks. Ich bekam die *Big Five* zu Gesicht, wenn auch nicht alle in freier Wildbahn.

Eines Nachts, in einer Safari-Lodge am Kariba-See, fuhr ich hoch und war auf einen Schlag hellwach. Irgendetwas hatte sich durch die Gitterstäbe der Fenster gezwängt und aß nun den Apfel aus meinem Rucksack, den ich mir für die morgige Tour aufbewahrt hatte. Ich stupste Nico an.

»Hörst du das?«, fragte ich mit unterdrückter Stimme. Nico sagte nichts, aber ich spürte, dass sie nickte. Wie versteinert lag sie neben mir. Ganz langsam hob ich den Kopf, da verstummte das Geräusch. Das Tier spürte, dass es aufgeflogen war, und verharrte wie Nico in einer scheinbaren Totenstarre. Ich konnte mittlerweile den Raum einsehen. Da war nichts. Mein Rucksack stand wie am Abend, beim Zubettgehen, an die Wand gelehnt. Ich schob das Moskitonetz zur Seite und stand auf, als sich plötzlich neben mir etwas in Bewegung setzte. Es war ein

Flusspferd – und zum Glück stand es nicht im Zimmer, sondern hatte knappe zwei Meter neben unserem Bett, auf der anderen Seite der mit Gitterstäben geschützten Fenster, das Gras aus der bewässerten Wiese gerupft und genüsslich schmatzend zerkaut. Jetzt setzte es sich in Bewegung, der riesige Körper auf Stummelbeinen, trippelte stampfend in einer wahnsinnigen Geschwindigkeit die Anhöhe zum See hinunter. Man stelle sich eine schwer übergewichtige Person vor, die auf Zehenspitzen das Sprungbrett eines Zehn-Meter-Sprungturms entlanggaloppiert und dann mit einer Arschbombe im rettenden Wasser landet. Genau so sah die Flucht des Nilpferds aus.

Am Morgen hörten wir Schüsse. Ray, ein untersetzter Typ mit wildem rotblondem Bart, Besitzer der Lodge und Anführer einer Antiwilderertruppe, erklärte uns, dass ein Leopard in der Nähe des Camps gesichtet wurde und einer der Nachtwächter einen Warnschuss abgegeben hatte, um ihn zu vertreiben. Am Abend wurde am Nebentisch unter Einheimischen laut diskutiert, woraufhin Ray uns aufklärte:

»Es ist schon wieder ein Fischer von einem Krokodil gefressen worden. Durch die Dürre hat der See zu wenig Wasser und somit nur wenig Nahrung. Die Krokodile attackieren kleine Fischerboote und bringen sie zum Kentern.«

Ich hatte selten so viel Ehrfurcht vor der mich umgebenden Natur wie an diesem Ort. Ray war Rhodie und der einzige weiße Mitarbeiter der Lodge. Er hielt sich fern von anderen Rhodies, die ihn als Zimbo bezeichneten, jemanden, der sich trotz seiner Hautfarbe mit der Regierung Mugabes arrangiert hat und nicht in Nostalgie über die gute alte Zeit zerging.

»Dass die sich überhaupt über Mugabe beschweren, nachdem sie die Menschen hier so ausgebeutet haben, verstehe ich nicht«, erklärte er. »Ich bin ein weißer Nigger, ich fühl mich wohl hier mit den Einheimischen. Sie verstehen mich, ich verstehe sie.

Wir arbeiten zusammen in einer Gemeinschaft und helfen uns gegenseitig. Ich bin einer von ihnen.« Er war der einzige Rhodesier mit revolutionären Gedanken, den ich während meines Aufenthalts treffen würde. Aber natürlich war er vor allem Besitzer einer großen Lodge und konnte sich mehrere Angestellte leisten. Ob er genauso denken würde, wäre er wirklich gleichgestellt mit den Einheimischen, wagte ich nicht ihn zu fragen.

Zusammen mit ihm und einem fünfköpfigen Trupp aus Einheimischen machten wir uns zu Fuß auf den Weg in den Busch. Da es von staatlicher Seite keine Unterstützung zum Erhalt der Natur gab, hatten sie die Antiwilderereinheit auf eigene Faust gegründet. Regelmäßig zogen sie durch das Dickicht entlang der Ufer des Kariba-Sees, um Schlingfallen der Wilderer zu entfernen. Unzählige Schlingen aus Draht waren an den Baumstämmen angebracht, um dort durchziehende Antilopen oder Warzenschweine zu fangen. Auch wenn es auf den ersten Blick ein Kampf gegen Windmühlen war, zeigte Ray sich optimistisch.

»Natürlich sind die Fallen morgen wieder da. Aber es sind nun Wilderer aus Sambia, keine Einheimischen mehr.« Lässig schwang er sein Gewehr auf die Schulter, schirmte die Augen mit der flachen Hand gegen die Sonne ab und blickte in die Ferne. »Wir haben durch die Beteiligung der hier lebenden Shona-Familien einen wichtigen Grundstein zum Erhalt des Ökosystems gelegt. Sie wissen, dass ihre Lebensgrundlage auf einer funktionierenden Flora und Fauna basiert und alle Lebewesen geschützt werden müssen – nicht nur diejenigen, die auf dem Teller landen.«

Wir stapften weiter Richtung Ufer, als Ray plötzlich stehen blieb, das Gewehr von der Schulter nahm und in die Knie ging, um etwas am Boden zu untersuchen. Er sprach nun leise mit einem der Shona in einer mir unverständlichen Sprache. Der blickte nach links, blickte nach rechts und gab den anderen

Männern, die sich zerstreut hatten, um Fallen abzubauen, Anweisung, zurückzukehren. Ray drehte sich zu uns.

»Wir müssen umkehren und einen anderen Weg einschlagen«, sagte er leise und deutete nach vorn. »In dieser Richtung ist eine Elefantenherde. Sie sind erst vor Kurzem hier durchgezogen. Der Dung ist noch warm«, erklärte er, während er das Elefantenexkrement zwischen den Fingern zerrieb. »Ein Jungtier aus der Herde wurde vor ein paar Tagen von Wilderern angeschossen und kann nicht mehr laufen. Die Herde kommt jeden Abend zurück, um das Familienmitglied vor hungrigen Raubtieren zu schützen. Wir hoffen, dass es überlebt, haben aber nicht die Mittel, ihm zu helfen. Wir können nur versuchen, der Herde den Zugang zu dem Jungtier abzusichern. Wahrscheinlich haben sie uns schon bemerkt, da der Wind unseren Geruch direkt zu ihnen trägt. Wir sollten nichts riskieren.«

Er stützte sich an seiner Waffe ab, um aufzustehen, und bedeutete uns, in welche Richtung wir gehen würden.

* * *

Während ich mit meiner Mutter telefoniere, habe ich diese Szene aus dem simbabwischen Busch wieder vor Augen. Es ist eine dieser vielen Fragen, die mich kurz nach Yantis Geburt überkommen. Wie sage ich es meiner Familie? Wie werden meine Eltern und mein Bruder reagieren, wenn sie die Nachricht erhalten? Auch wenn ich überzeugt bin, dass sie Yanti als ihre Enkelin und Nichte anerkennen und lieben würden, besteht doch die Möglichkeit, dass es anders kommt. Erlebnisberichte aus dem Internet, die von Kontaktabbruch erzählen, haben mich verunsichert. Lange hat mir der Mut gefehlt, diese Telefonate zu führen. Zu Unrecht, wie sich nun herausstellt.

»Wir sind eine Elefantenfamilie«, sagt meine Mutter mit einer

Stimme, die keine Zweifel an ihrer Ehrlichkeit aufkommen lässt. »Wir stellen uns im Kreis um Yanti, mit den Rüsseln zu ihr und den Hintern den Angreifern entgegen. Wir werden sie beschützen, komme, was da wolle. Das verspreche ich dir.«

Uns sollte sich besser niemand in den Weg stellen.

DÄMONISCHE WASSER

Bali,

Februar bis Mai 2013

Wo Sündenpfuhl und spiritueller Pilgerort auf einem kleinen Eiland Platz fanden, musste eine besondere Magie zugegen sein. Nicht umsonst warb die balinesische Tourismusbehörde mit dem Slogan: »Insel der Götter.« Während das Städtchen Kuta sich in den vergangenen Jahren zu einem Ballermann für Australier entwickelt hatte, es gepanschten Alkohol und psychoaktive Pilze per Lieferservice gab, galt Ubud, umgarnt von malerischen, in die Hügel eingearbeiteten Reisfeldern, als das Mekka für Yoga, Meditation und Detox. Entlang der Südküste, vor allem aber an der sogenannten Bukit, der kleinen Halbinsel am Südzipfel von Bali, brandeten Wellen, die jedes Surferherz höherschlagen ließen. Für Nico war es eine Auszeit von der aufreibenden Entwicklungsarbeit, und für mich sollte es der Ort sein, an dem ich vom Surf-Anfänger zum Fortgeschrittenen würde. Fast ein halbes Jahr hatten wir dafür eingeplant und arbeiteten nur hin und wieder an kleinen Projekten. Während Nico kurze Beraterjobs annahm, die sie vom Laptop aus erledigte, brachte ich die letzten Kapitel des »Journeyman« zu Papier.

Wenn morgens die Sonne über den Reisfeldern im Nebel aufging und die Einheimischen aus ihren mit Devotionalien geschmückten Häusern kamen, um ihren Göttern am Straßenrand kleine Opfergaben mit Reis, Räucherstäbchen und Bananenblättern darzubieten, konnte es den Anschein haben, man sei im Paradies gelandet.

»Ihr kennt doch sicher schon den Beinamen von Bali, Insel der Götter?«, fragte Bobby, der Inhaber unserer Unterkunft in Canggu, keine fünf Gehminuten zum Strand von Pererenan. Wie die meisten Menschen hier im Süden gehörte er dem hinduistischen Glauben an, hatte jedoch ein Faible für den Buddhismus entwickelt und sein Gasthaus mit zahlreichen Buddha-Statuen geschmückt.

»Allerdings war der Spruch in seiner Originalform länger. Bali wurde nämlich ›Insel der Götter und Dämonen‹ genannt. Die Tourismusbehörde fand das zweite Attribut wenig einladend und beschränkte sich im Marketing auf den göttlichen Teil.« Er zwinkerte uns zu. »Ihr werdet während eures Aufenthalts mit Sicherheit herausfinden, was es mit den Dämonen auf sich hat.«

Es war Ende Februar, und das Wetter wurde allmählich stabiler. Der Wind nahm ab, und der *swell*, der die Wassermassen an Land zu drücken suchte, schickte Wellen aus dem Indischen Ozean herüber. Nico und ich liehen uns Motorroller mit seitlicher Aufhängung für unsere Surfboards und fuhren zwischen Sonnenaufgang und Sonnenuntergang mehrmals zum Strand, um den Wellengang bei Ebbe und Flut zu prüfen.

Wenn man anfängt zu surfen, glaubt man rasch, man wisse, wie die Sache funktioniert. Rauspaddeln, warten, anpaddeln, aufspringen, Welle reiten. Je öfter man sich mit einem Brett in den Ozean hinauswagt, desto mehr realisiert man, wie wenig man diesen Sport beherrscht. Oft sind die besten Surfer im

Wasser auch die demütigsten, während Anfänger sich überschätzen, mit ihrer Unkontrolliertheit anderen oder sich selbst schaden und nachher viel erzählen: darüber, wie sie die Welle ihres Lebens geritten hätten oder was derjenige, der eben vom Brett gefallen ist, falsch gemacht habe. Mir fiel auf, dass Frauen in Schnupperkursen meist schneller zum Erfolg kamen als Männer, nämlich stehend auf dem Brett zu surfen.

»Woran mag das liegen?«, fragte ich Nico, als wir auf den Stufen zum Batu Bolong Beach saßen und Soto Bakso, die lokale Markklößchensuppe, löffelten.

»Keine Ahnung. Vielleicht überschätzen sich Männer in der Hinsicht? Von hier draußen sieht es ja tatsächlich sehr einfach aus«, mutmaßte Nico.

Ich war selbst noch Anfänger, und es bedurfte einer Extraportion Zen von Nico, um meine ständigen Analysen der Stürze anderer Surfer zu ertragen.

»Du meinst also, weil Frauen sich eher unterschätzen oder ihre Fähigkeiten richtig einschätzen können, haben sie mehr Erfolg?«, hakte ich nach.

»Am Anfang schon, ja. Später dann, sobald sie verstanden haben, worauf es ankommt, machen Männer vieles mit Kraft wett. Auch trauen sie sich vielleicht mehr zu als Frauen. Ich beobachte einfach oft bei Männern, dass sie sich eine Welle aussuchen und sie mit aller Macht zu nehmen versuchen, während Frauen eher klein anfangen.«

»Aber du willst mir doch nicht weismachen, dass Frauen anfangs besser surfen, weil sie es weniger wollen. Sie da zum Beispiel …« Ich zeigte auf ein Mädchen, dem es gelungen war, in der Welle aufzustehen, das aber, vermutlich aus Verwunderung über die eigenen Fähigkeiten, aus Angst oder weil es schlicht nicht wusste, was es als Nächstes tun sollte, wieder absprang. »Sie hätte einfach nur stehen bleiben müssen.«

»Das weißt du doch gar nicht. Vielleicht ragte ein Stück Riff oder Stein aus der Wasseroberfläche, oder sie wollte einfach Kraft sparen und nicht den ganzen Weg zurückpaddeln. Vielleicht übt sie gerade den Take-off, oder die Welle fühlte sich doch nicht so gut an wie erwartet …«

»Da gibt's kein Riff, der Untergrund besteht aus einer ebenen Steinplatte. Da ragt nichts heraus. Außerdem ist sie noch gar nicht so weit, dass sie sich darauf beschränken könnte, den Take-off zu üben.« Ich merkte selbst, wie schnippisch meine Antwort klang.

»Bitte versuch nicht, mir den Sport zu erklären. Ich weiß nicht viel darüber, aber du noch weniger.« Damit war die Diskussion beendet. Nico war keine Freundin davon, ein Thema von Männern mit Halbwissen erklärt zu bekommen, von dem sie augenscheinlich mehr Ahnung hatte. Ihr Job, der es mit sich brachte, mit Regierungsvertretern und Militärs aus allen Teilen der Welt zu arbeiten, hatte ihre Geduldspanne deutlich verkürzt.

Wir diskutierten also nicht mehr übers Surfen, wir taten es. Täglich, mehrmals, bis zur totalen Erschöpfung. Als ein tagelang andauerndes Regengebiet über die Insel zog, suchten wir uns Alternativen und spielten oft Karten, doch bald merkten wir, dass wir auch darüber in kleine Streits gerieten. Allein das Wörtchen *UNO* konnte die Stimmung zum Kippen bringen. Die hohe Luftfeuchtigkeit drückte auf unsere Gemüter. Es war das erste Mal, dass wir uns mit Disharmonie auseinandersetzen mussten. Beinahe schien es, als wollten die ersten Dämonen ihre Existenz bestätigen.

Irgendwann bekam ich Ohrenschmerzen, die von Tag zu Tag schlimmer wurden. Als das Fieber einsetzte, kapitulierte ich und trat die Fahrt ins Krankenhaus an. Bobby hatte angeboten, uns hinzufahren, und half nun auch bei der Verständigung.

»Der Arzt sagt, du hast eine Otitis externa, eine Außenohrentzündung. Er verschreibt dir ein Antibiotikum.«

Es war das erste Mal seit langer Zeit, dass ich während einer Reise krank wurde, und meine erste Ohrenentzündung überhaupt. Erst nach zwei Wochen konnte ich wieder ins Wasser und aufs Brett, die Wartezeit hatte ein Ende. Eine Woche später kamen die Ohrenschmerzen zurück. Wieder lag ich die meiste Zeit im Bett, stand nachts auf und lief im Kreis, um die pochenden Schmerzen vom Gehörgang bis zur Ohrmuschel aushalten zu können. Acht Wochen waren seit unserer Ankunft auf Bali vergangen, und die Hälfte der Zeit schlug ich mich mit bakteriellen Entzündungen herum. Vielleicht war es einfach an der Zeit, den Standort zu wechseln. Mittlerweile war die Hochsaison in vollem Gange. Aus Kuta schwappten Australier über die Stadtgrenze, und zahlreiche Surfbegeisterte aus der ganzen Welt belagerten die Surfcamps und Homestays. Von den überfüllten Wellen ganz zu schweigen. Teilweise glich das Meer einem öffentlichen Swimmingpool in China. Dicht reihten sich die Boards im Line-up aneinander, und immer öfter kam es im Wasser zu Kollisionen und Auseinandersetzungen, wenn mal wieder jemandem die Welle geklaut wurde.

Bepackt mit unseren Rucksäcken und Surfboards fuhren wir auf Motorrollern Richtung Westen, nach Medewi, einem für balinesische Verhältnisse noch sehr verschlafenen Ort, ohne das Tohuwabohu, dass an anderen Stränden für die Touristen veranstaltet wurde. Am Eingang einer der wenigen Unterkünfte im Dorf empfing uns ein an die Leine gelegter junger Makake mit lautem Kreischen. Anscheinend galt er als Ersatz für eine Empfangsglocke, denn sogleich kam eine Mitarbeiterin um die Ecke, um uns hereinzubitten und eines der Zimmer schmackhaft zu machen. Da der Affe mich schon überzeugt hatte und auch die spärliche Unterkunft für einen günstigen Preis zu haben war, blieben wir, packten unsere Rucksäcke in einem Zimmer aus, das gerade Platz für ein Doppelbett bot, und gingen die hundert Meter bergab direkt zum Strand. Vor unserer Haustür brandete die längste linksbrechende Welle der Insel, auf dem Bolzplatz neben unserem Gasthaus weideten die Wasserbüffel zwischen Fußball spielenden Kindern, und mehrmals am Tag rief der Muezzin aus dem kleinen Minarett am anderen Ende des Dorfes zum Gebet. Wir waren so weit in den Westen vorgedrungen, dass die nahe gelegene Hauptinsel Indonesiens, Java, hier deutlich ihre kulturelle Ausbreitung markierte. Die Sprache war die gleiche wie in Canggu, auch die reichlich gedeckten Buffets der kleinen Restaurants boten dieselben Gerichte an. An der Kleidung konnte man keinen Unterschied festmachen, und selbst im Verhalten untereinander und ihrer Höflichkeit gegenüber Ausländern glichen sich die Menschen in Medewi und in Canggu. Auffällig war bloß, dass es hier nur in ausgewählten Geschäften Alkohol zu kaufen gab und die Menschen niemals mit einem Bintang-Bier in der Hand durch die Straßen schlenderten.

»Wie ist das hier mit Dämonen? Gibt es sie in eurem Teil der Insel auch, obwohl ihr gar nicht an sie glaubt?«, fragte ich den Kellner in einem Restaurant, während wir uns bei einem Kaffee von der hypnotischen Wirkung der brechenden Welle einlullen ließen.

»Wen soll es hier geben?«, stellte mir der Kellner die Gegenfrage.

»Die Hindus glauben doch daran, dass die Insel und deren Gewässer Götter und Dämonen beherbergen. Da hier im Westen hauptsächlich Muslime leben, hab ich mich gefragt, ob die hier trotzdem unterwegs sind.«

»Ach so, ich weiß nicht viel über deren Kultur. Aber Dämonen habe ich hier noch keine gesehen.« Er lächelte, während er unsere Tassen abräumte.

So magisch anziehend die Wellen vom Strand aus waren, so einschüchternd wirkten sie, wenn ich darüber nachdachte, sie auf einem Surfboard zu erwarten. Ganz draußen, wo die Lippe sich zum ersten Mal überschlug und den Anfang des Ritts markierte, glitten kleine Gestalten am Horizont entlang, nur etwa halb so groß wie die Wellen, die sie zu verschlucken drohten. Wenn man lange genug hinschaute und der Fokus zu verschwimmen begann, konnte man die mit Gischt um sich werfenden Wasserberge mit Lebewesen verwechseln, die Jagd auf fliehende Surfer machten. Als schnappten sie nach den Abenteurern, klappten ihre Münder wie ein schief geratenes Scharnier von links nach rechts zusammen. Manchmal erwischten sie einen, kauten ihn ordentlich durch und spuckten ihn unterwegs zum Strand wieder aus. Sichtlich mitgenommen versuchten die Surfer nach so einem Waschgang ihr Brett zu fassen zu bekommen, das mit einer Leine an ihrem Fuß hing, und so schnell es ging den restlichen Monstern des Sets paddelnd zu entkommen.

»Es ist schon fast fünf Uhr.« Nico klang überrascht. Ehrfürchtig hatten wir zwei Stunden lang das Treiben im kleinen Abschnitt unterhalb des Horizonts angestarrt, ohne ein Wort zu wechseln. Dabei hatten wir die kleineren Wellen am benachbarten Strandabschnitt erkunden wollen. Wir gingen zurück zum Hostel, schnallten unsere Surfbretter auf die Motorroller und fuhren durch die angrenzenden Reisfelder, bis wir an einem langen Strand aus schwarzem Vulkansand ankamen. Die Sonne stand schon tief und würde in nicht mal einer Stunde hinter den Palmwipfeln verschwinden. Nur zwei Surfer waren im Wasser, drei weitere kamen kurz nach uns auf einem einzigen Motorroller an. Es waren alles einheimische Jungs, die von der Arbeit oder aus der Schule kamen oder sich von sonstigen Verpflichtungen lossagen konnten, um die letzten Tageslichtminuten im Wasser zu verbringen.

Im Gegensatz zur Welle in Medewi, die über großen Geröllsteinen brach, war dies hier ein Beachbreak. Da der Untergrund aus Sand bestand, der ständig in Bewegung war, brachen auch die Wellen nie am selben Ort, was es schwieriger machte, eine von ihnen zu erwischen. Die Welle trug den Namen Diva und machte ihm alle Ehre. Wir waren zum ersten Mal hier und kannten die Wellen nicht, daher saßen Nico und ich meist ganz außen am Wellenbruch und warteten, auch aus Respekt gegenüber den einheimischen Surfern, bis etwas für uns dabei war. Doch dann passierte etwas, was an den überfüllten Surfplätzen dieser Welt eher selten ist. Der älteste und beste Surfer der Gruppe sagte etwas zu seinen Freunden. Daraufhin riefen sie uns zu, wir sollten zu ihnen kommen, da dort der bessere Startpunkt wäre, und wann immer ein Set angerollt kam, feuerten sie uns an, während wir versuchten, eine der Wellen anzupaddeln. Die Sonne stand mittlerweile so tief hinter den Bäumen, dass diese bloß noch als Silhouetten auszumachen waren und der Himmel sich tiefrot färbte. Die wenigen Wolken spiegelten sich im glasklaren, angenehm warmen Wasser, und irgendwo weiter draußen im Ozean hörte man Thunfische, die auf der Jagd nach Futterfischen durch die Wasseroberfläche schossen, ehe sie mit einem lauten Klatschen wieder im Meer verschwanden. Die Wellen rollten stetig unter mir hindurch. Oft landete ich bei Paddelversuchen mit der Nase des Bretts im Wasser, sodass ich mich überschlug und in den Schleudergang der Welle gezogen wurde. Ich paddelte, bis die Arme schmerzten, und schnaubte mir das Salzwasser aus den Nebenhöhlen, wenn ich an den Ausgangsort neben Nico und den fünf Einheimischen zurückkehrte. Selten war es mir gelungen, einen Augenblick so zu genießen wie an diesem Abend. Ich war immer schon Retrospektivgenießer, schaute auf Erlebnisse zurück und fühlte mich wohl in der Erinnerung. Doch dem Ozean ausgeliefert zu sein, mit ihm zu harmonieren, belehrte mich eines Besseren.

Stets hatte ich Routine als meinen schlimmsten Feind betrachtet, immer das Gefühl gehabt, sobald ich mich ihr hingab, von ihr eingesperrt zu werden. Das änderte sich in Medewi. Tag für Tag saß ich auf einem fiberglasummantelten Stück Styropor im bewegten Ozean, und ich suchte nicht nach etwas anderem. Das war alles, was ich wollte, alles, was ich brauchte, ich war glücklich. Nichts in mir verlangte danach, weiterzureisen, Neues zu sehen und zu erleben.

Umso schwieriger waren die Tage, an denen die Natur sich nicht bemühte, uns eine gute Zeit zu schenken. Mal frischte der auflandige Wind auf, der die Wellen schier zerdrückte, mal trafen die Wellen aus verschiedenen Richtungen an den Strand, sodass sie sich gegenseitig eliminierten. Manchmal waren sie zu groß, an anderen Tagen zu klein, oder sie endeten auf ganzer Breite in einem Closeout am Strand.

An diesen Tagen schauten wir Video-Tutorials zum Take-off, dem Moment des Aufspringens, oder zum Duck-Dive, dem Durchtauchen einer gebrochenen Welle beim Hinauspaddeln. Ich las Berichte über die physikalischen Details eines Surfbretts, den Sport des Wellenreitens und seine Anfänge auf Hawaii, als es noch ein Königreich war, und sah auf einmal Sinn darin, mich mit Nico in Yogastellungen zu verrenken oder mich fit zu halten für die Tage, an denen ich wieder ins Wasser gehen würde. Wir achteten auf unsere Ernährung und saßen Tag für Tag am Strand, um zu sehen, ob sich der Seegang änderte. Und das tat er.

Als Erstes machte es sich bemerkbar durch die vielen Neuankömmlinge. Waren bisher nie mehr als drei Zimmer gleichzeitig in unserem Hostel belegt, gab es nun in keinem der drei Gasthäuser noch verfügbare Schlafstätten. Auf den Surfboardhaltern im Innenhof stapelten sich die Bretter, und am Strand wurde über das Jetzt und das Kommende gefachsimpelt.

An einem Nachmittag wirkten die anderen Surfer wie elektrisiert. Es hatte einen Sturm gegeben, weit draußen im Indischen Ozean, der in Kürze einen Megaswell nach Bali bringen würde. Im letzten Licht des Tages deutete nichts darauf hin, dass hier schon bald wieder beste Surfbedingungen herrschen sollten. Doch als Nico und ich am frühen Morgen des nächsten Tages unseren Spaziergang zum Strand antraten, war es so geschäftig wie seit Wochen nicht. Junge Frauen und Männer mit Surfbrett unterm Arm liefen barfuß über den groben Asphalt, um zu den Ersten zu gehören, die sich in die Fluten stürzten. Das Erste, was ich verspürte, als ich die Wellen sah, war ein Zusammenkrampfen der Magengegend und ein erhöhter Puls. Hatte ich mich beim Aufwachen noch gewundert, dass der Ventilator plötzlich so laut rauschte, begriff ich nun, dass es die Brandung war, deren Tosen bis zu uns ins Zimmer drang. Menschen und Bretter flogen durch die Luft oder wurden unter einer Lawine aus weißem Salzwasserschaum begraben. Die, die es schafften, nicht von der Welle gefressen zu werden, umgarnten in einer Wahnsinnsgeschwindigkeit die Horizontlinie mit grazilen Schwüngen, Berge aus Wasser hinab und hinauf.

»Wollen wir rein?«, fragte Nico, die neben mir genüsslich ihren Kaffee schlürfte. Ich schaute sie verdutzt an. Das konnte nicht ihr Ernst sein.

»Nur Spaß«, sagte sie und grinste. »Wir würden wahrscheinlich schon im hüfthohen Wasser ertrinken.«

So saßen wir in sicherer Entfernung, aßen Soto Bakso und tranken die Milch frisch geköpfter Kokosnüsse, zusammen mit all den anderen, denen der Mut und vermutlich auch die Fertigkeit fehlten, die sich vor uns auftürmenden Ungetüme zu reiten. Den aus dem Wasser kommenden, mit Adrenalin vollgepumpten

Surfern wurde auf die Schulter geklopft, den Verletzten geholfen. Sogar Frauen und Männer, die mit Schnitt- und Platzwunden oder ausgekugelten Schultern zurückkamen, waren so voller Glücksgefühle, dass sie niemandem den High Five verwehrten. Tags darauf waren die Bedingungen unverändert. Doch in mir brodelte es. Ich wollte unbedingt wieder aufs Brett, war es doch schon über eine Woche her, dass ich das letzte Mal draußen gewesen war.

»Immer noch zu groß?«, wandte ich mich an Nico, die mir bloß einen Blick zuwarf, der besagte, dass diese Frage keine Antwort verdiente. Doch am Abend schien der Swell abzuklingen. Der Sturm, der sich unter Wasser zu unserem Küstenabschnitt vorgearbeitet hatte, war vorüber. Am nächsten Morgen sah es tatsächlich nicht mehr ganz so abschreckend aus.

»Heute aber!«, sagte ich zu Nico, nachdem wir eine ganze Zeit lang beobachtet hatten, wie die Wellen fielen.

»Ich weiß nicht.« Sie atmete tief durch. »Die Wellen sehen immer noch verdammt groß aus. Viel größer als alles, was wir uns bisher zugetraut haben.«

»Ja schon, aber schau mal, wie sie fallen. Ganz langsam und sanft. Die Lippe überschlägt sich nicht, sondern krümelt ganz gemächlich von oben nach unten.«

Nico seufzte. »Okay, lass es uns versuchen.«

Wir holten unsere Surfbretter und bereiteten uns am Strand darauf vor, uns in die Fluten zu stürzen, wärmten uns auf und dehnten die empfindlichen Muskelpartien. Über das algenbewachsene, glitschige Geröll gingen wir zu einem Kanal, der das angeschwemmte Wasser wieder ins Meer leitete und uns schnell hinausbringen würde. Jetzt, da wir uns auf dem Weg zum Wellenbruch befanden, schwand die Angst. Die Dämonen schienen es gut mit uns zu meinen.

Wir positionierten uns kurz hinter dem Wellenbruch, um

nach der langen Paddelei neue Kraft zu tanken und uns zu orientieren. Als das erste Set auf uns zugerollt kam, krampfte sich erneut mein Magen zusammen. Die Wellen rollten unter uns hindurch, hievten uns gefühlt zwei Stockwerke nach oben, ließen uns wieder los und brachen ein paar Sekunden später mit einem Geräusch, als würde ein alter Wald aus Kokospalmen gefällt werden.

»Heilige Scheiße!«, sagte Nico.

»Das …« Mir stockte der Atem. »Das war ziemlich groß. Wie kommen wir hier wieder raus?« Unsicher schaute ich mich um. Wo ich hinblickte, wurde die Gischt durch aufprallende Wassermassen in die Luft gesprüht.

»Lass uns ein bisschen warten. Vielleicht wird es noch etwas ruhiger«, sagte Nico.

So saßen wir nun, wie die letzten Tage am Strand, im Wasser und schauten den Wagemutigen aus der Nähe zu, wie sie ihr Leben riskierten. Je länger wir schauten, desto mehr überkam mich ein Gefühl von Sicherheit. Ja, es waren große Wellen, aber sie schienen nicht die Kraft zu entwickeln, um ernsthaft gefährlich zu werden.

»Ich versuche es«, verkündete ich in einem Anflug von Selbstsicherheit, nachdem das letzte Set nahezu surfbar ausgesehen hatte.

»Was?« Nico klang entsetzt.

»Jetzt sind wir schon hier draußen, da kann ich es auch versuchen. Kommst du mit?«

»Nee, lass mal, ich bleib hier und warte auf einen günstigen Moment, um wieder an Land zu kommen.«

Ich positionierte mich relativ weit draußen, um nicht von einer größeren Welle verschluckt zu werden, musste aber bald feststellen, dass ich dort niemals eine erwischen würde. Ich tastete mich Stück für Stück näher an den Bruch heran, bis ich eine, meiner Meinung nach, gute Position erreicht hatte, und schaute gebannt zum Horizont. Plötzlich kam es, das Set, das wie für mich gemacht war. Gleich die erste Welle würde an meinem Standort brechen. Ich richtete mich aus und fing an zu paddeln. Sobald ich spürte, wie die Welle mich von den Füßen her anhob, paddelte ich, so kräftig ich konnte, um genügend Geschwindigkeit zu haben und den Schwung der Welle mitzunehmen. Immer steiler lag mein Brett im Wasser, mit dem Gesicht nach unten. Dann kam er, der Moment des Take-off, in dem ich mich mit den Händen hochdrücken musste, um aufs Brett zu springen. Doch das Einzige, was landete, war mein Mut, der von der Angst ausgeknockt wurde. Versteinert blieb ich bäuchlings liegen, als das Brett anfing, die Welle hinabzugleiten, und klammerte mich panisch daran fest. Als ich am Fuß der Welle ankam, herrschte für einen Augenblick trügerische Stille. Dann traf mich die Wellenlippe mit voller Wucht, gefolgt von Abertausenden Litern fallenden Wassers, das mich unter sich begrub. Das Surfbrett schoss unter meinem Bauch hervor, und dann, plötzlich, war alles weiß. Ein eintöniges Rauschen hatte alle anderen Geräusche vertrieben, und ich hatte das Gefühl für oben und unten verloren. Unter Wasser schlug ich Purzelbäume. Ich versuchte meine Hände schützend über den Kopf zu halten und ließ die Welle gewähren. Ohnehin hatte ich keine Chance, also versuchte ich Kräfte zu sparen. Ich spürte etwas an meinem Bein, einen leichten Schlag, und noch einen gegen den Rücken. Dann blieb ich in der Schwebe stehen. Das Rauschen hatte sich in ein Knistern verwandelt, durch Millionen kleiner Luftbläschen, die den Weg an die Oberfläche suchten. Ich versuchte auszumachen, woher die Helligkeit kam, denn dort musste die rettende Oberfläche sein. Doch alles war gleichmäßig weiß. Mittlerweile merkte ich, dass mir der Druck der Wassermassen alle Luft aus den Lungen gepresst hatte, und fing an, panisch um mich zu schlagen. Dabei streifte ich einen der am Grund liegenden Steine, bekam ihn zu packen, um mich mit den Füßen abzustoßen und Richtung Oberfläche zu kämpfen. Als ich merkte, dass mein Gesicht von Luft umhüllt war, sog ich lauthals meine Lungen voll Sauerstoff. Verschwommen lagen die Palmenwipfel in weiter Ferne. Ich konnte mein Surfbrett nicht sehen, tastete nach der Leine, mit der ich es an meinem Bein befestigt hatte. Der Klettverschluss war nicht mehr über meinem Knöchel. Meine Rettungsinsel war davongetrieben. Plötzlich fiel mir wieder ein, dass es die erste Welle des Sets war, die mich so zugerichtet hatte. Während ich im Begriff war, mich umzudrehen, konnte ich noch die meterhohe Wand sehen, zu spät, um vor dem Ungetüm zu fliehen. Die zweite Welle traf mich mit voller Wucht im Nacken, noch härter als die erste. Wieder zog und zerrte der Dämon an meinem willenlosen Körper in der weißen Schwerelosigkeit, als wollte er mich zerreißen. Diesmal schluckte ich eine Menge Wasser und verschluckte mich daran, sodass der Hustenreiz einsetzte. Meine Lungen füllten sich weiter mit Wasser, und langsam begann das Weiß schwarz zu werden. Dann wurde es wieder ruhig. Glücklicherweise fand ich die Oberfläche diesmal schnell und hustete und spie sofort das Wasser aus, erbrach mich und hyperventilierte, um meinem Körper den verloren gegangenen Sauerstoff zuzuführen. Ich wandte den Blick aufs offene Meer und sah die nächste Welle anrollen. Kurz bevor sie auf mir zerschellte, nahm ich einen tiefen Atemzug und tauchte unter ihr hindurch, genauso bei der nächsten und der übernächsten, bis das Set vorüber war und ich die nächste falsche Entscheidung treffen konnte. Anstatt mich von den folgenden Wellen an Land spülen zu lassen, schwamm ich hinaus zu Nico, die mir schon entgegenpaddelte.

»Raus! Weg!«, keuchte ich und zerrte an ihrem Surfbrett.

»Fabian, beruhig dich. Du bist hier sicher«, mahnte sie.

»Nein! Raus! Muss raus!«

»Dann nimm du mein Brett, ich schwimme zurück zum Strand.«

»Nein! Zusammen«, rief ich hysterisch und besiegelte damit die nächste falsche Entscheidung.

Nico half mir, auf ihr Brett zu kommen, und schwamm nebenher zum Bruch.

»Warte«, befahl sie mir, doch ich paddelte unbeirrt Richtung Ufer. Dann kam das nächste Set, erfasste das Surfbrett und schickte mich die Wand hinunter, bis ich einen Ruck spürte und herunterkatapultiert wurde. Natürlich war es noch an Nicos Knöchel befestigt, was zur Folge hatte, dass sie ebenfalls unter Wasser gezogen wurde und die Wucht ihr fast die Hüfte auskugelte.

Als wir beide auftauchten, entfernte sie die Leine, übergab mir das Brett und schrie mich an:

»Geh! Ich komme klar.«

Schon kam die nächste Weißwasserrolle angerauscht und schickte mich auf Reisen. Doch ich hatte nicht mehr genügend Kraft, mich am Brett festzuklammern, sodass es meinen Fingern entglitt und seinen Weg allein fortsetzte.

Ich gab auf. Beschränkte mich darauf, meinen Kopf unter Wasser zu schützen und nach jedem Waschgang zurück an die Oberfläche zu gelangen. Doch irgendwann schaffte ich auch das nicht mehr. Die Dämonen hatten gewonnen.

* * *

Aufgeben. Ich erinnere mich an keine andere Situation in meinem Leben, in der ich so endgültig Frieden geschlossen hatte mit einer Niederlage. Die Wellen in Medewi waren zu groß für mich. Ich ergab mich ihnen und somit meinem Schicksal. Ähnlich fühlte ich mich erst wieder in der Nacht von Yantis Geburt – auch in diesem Moment waren die Dämonen einfach zu mächtig.

Was, wenn das Leben meiner Tochter Tag für Tag von solchen übermächtigen Dämonen heimgesucht wird?

Ich vermute, dass ich meinen Frieden schließen werde mit der Vorstellung, eine geistig behinderte Tochter zu haben. Doch ebenso glaube ich, dass der eigentliche Schmerz darin bestehen wird, eine Tochter zu haben, die nicht von ihren Mitmenschen akzeptiert, die herumgeschubst und über die sich lustig gemacht wird. Hinter deren Rücken die scheinbar Normalen ihre Lust zu lästern ungeniert ausleben – vor allem dieser Gedanke bereitet mir Sorgen. Ein Kind zu haben, das mit zunehmendem Alter die Lücke zur Normalität immer weiter aufklaffen lässt und dadurch eine immer größere Angriffsfläche bietet. Was will ich eigentlich? Dass sie »normal« ist?

Nein! Und trotzdem habe ich Angst davor, immer wieder aufs Neue enttäuscht zu werden. Nicht von meiner Tochter, sondern von mir selbst, wenn es mir nicht gelänge, sie so wahr- und anzunehmen, wie sie ist: unvergleichlich und einzigartig.

Aber ich befürchte auch, dass Yanti sich nichts sehnlicher wünschen wird, als »normal« zu sein. Es ist der alte Wunsch, der in uns allen steckt: dazugehören. Zu was für einer Gemeinschaft auch immer. Hauptsache, kein Außenseiter sein. Für meine Tochter wünsche ich mir nichts sehnlicher, als dass sie das Extra-Chromosom nicht als ihren persönlichen Dämon ansieht. Denn diesen Kampf wird sie nicht gewinnen können. Hätte ich damals auf Bali eingesehen, dass der Ozean nicht mein Feind ist, und mich von seinen Wogen gleich zu Beginn an Land tragen lassen, anstatt gegen sie anzukämpfen, wäre es mit Sicherheit nicht so weit gekommen.

* * *

Etwas packte mich am Arm und zog mich hoch, eine Hand, und noch eine, an meinem anderen Arm. Als ich die Augen öffnete, erkannte ich zwei Männer, die mich zum Festland schleppten und dabei in Zungen auf mich einredeten. Langsam kam ich wieder zu Sinnen, spürte festen Grund unter meinen Füßen und begann aus eigener Kraft zu gehen. Die zwei Männer waren einheimische Fischer, die mich nun in den Schatten eines Baumes neben ihrer Hütte setzten. Eine Frau lief zu mir und reichte mir eine Wasserflasche, die ich ansetzte und sofort das zuvor geschluckte Salzwasser erbrach. Mein Schädel dröhnte, meine Augäpfel schienen geschwollen und im Begriff, aus meinem Gesicht herauszuspringen. Trotzdem konnte ich in nicht allzu großer Ferne Nico erkennen, die aus dem Wasser emporstieg wie eine Meerjungfrau. Auch sie hatte es geschafft, ohne fremde Hilfe. Ich sah an mir herunter. Blut lief über mein Bein. Anscheinend hatte ich mir beim Aufprall am Grund eine Schnittwunde zugefügt. Auch mein Rücken tat weh, und der Schmerz würde, sobald das Adrenalin verflogen war, vermutlich stärker werden.

»Terima kasih. Terima kasih«, bedankte ich mich immer wieder auf Bahasa bei den Fischern und ihren Familien. Sie hatten mir das Leben gerettet, das wusste ich.

»Alles okay?«, fragte Nico außer Atem, als sie zum Strand kam und mich umarmte.

»Ja, ich glaube schon. Und bei dir?«

»Mir geht's gut. Ich habe ein kleines Set genutzt, um zurück an den Strand zu gelangen. Aber ich hätte auch noch Kraft – und vor allem keine Panik.« Letztlich war es wohl diese Panik, die mich fast das Leben gekostet hätte.

Ich spürte, wie das Zittern nachließ. »Lass uns nach Hause. Ich muss mich hinlegen.«

»Geht es schon wieder? Kannst du laufen?«, fragte Nico besorgt.

»Ich denke schon.« Beim Auftreten durchfuhr mich ein heftiger Schmerz, ausgehend von meiner rechten Ferse. Irgendetwas hatte sich dort hineingebohrt, doch mehr als eine kleine Einstichstelle war nicht zu erkennen. Ich lief auf Zehenspitzen, gestützt von Nico, und wir sammelten unsere Surfbretter ein, die sich in den Steinen verkeilt hatten und ähnlich mitgenommen aussahen wie ich. Im Gasthaus legte ich mich hin und schlief sofort ein.

»Willst du wirklich schon wieder ins Wasser?«, fragte Nico zwei Tage später. Die Wellen waren wieder angenehm klein am Beachbreak und hatten an Bedrohlichkeit eingebüßt.

»Ich will keine Angst haben. Je länger ich warte, desto schwieriger wird es.«

Nach zwei Versuchen musste ich aufgeben. Meine Ferse war geschwollen, schmerzte, und die Wunde schien sich zu entzünden. Wenn ich einer Blutvergiftung entgehen wollte, musste sie gereinigt werden.

Das nächste Krankenhaus hatte die Größe einer Garage und beherbergte zwei abgewetzte Feldbetten, die aus einem Weltkriegslazarett hätten stammen können. Auf der linken Seite lag ein junger Mann, der durch einen Verkehrsunfall übel zugerichtet war und unter starken Schmerzmitteln im Delirium auf seine Operation wartete. Ich wurde auf das rechte Feldbett gebeten und durch einen leichten Vorhang abgeschirmt. Mit einer Injektionsnadel, die direkt in die entzündete Wunde eingeführt wurde, betäubte der junge Arzt meinen Fuß und schnitt, sobald die Wirkung einsetzte, die Wunde x-förmig mit einer Nagelschere auf. Aus einer alten Trinkflasche spritzte er eine Flüssigkeit in die Wunde, um sie auszuspülen, pulte mit ein paar Wattestäbchen Sand heraus und legte abschließend einen straffen Mullverband an.

»Antibiotikum nehmen und zwei Wochen nicht ins Wasser«, ordnete er an und begab sich hinter den Vorhang, um sich wieder dem Unfallopfer zu widmen.

Wäre es doch bei zwei Wochen geblieben. Nach ein paar Tagen bekam ich Fieber. Der Fuß schwoll ab, blieb aber entzündet. Ich wurde das Gefühl nicht los, dass noch etwas in meiner Ferse steckte. Zwei Wochen später wagte ich mich ins Wasser, kehrte aber sofort wieder um. Ich hatte nicht mal genügend Kraft, um rauszupaddeln, geschweige denn, eine brenzlige Situation zu meistern. So blieb ich an Land und schaute aufs Meer, schwitzte bei jeder kleinen Bewegung und humpelte täglich die kurze Strecke vom Bett zum Strand und wieder zurück. Die Wunde hatte mittlerweile begonnen zu eitern, und das um die Wunde gelegene Fleisch hing weiß und leblos herab. Nach vier Wochen ragte etwas heraus, was dort nicht hingehörte. Ich zog daran und hielt unverhofft den Übeltäter in der Hand. Ein dornartiges Stück Koralle, das sich wohl zu tief für die Augen des Arztes in meinem Fuß befunden hatte. Mein Körper hatte sich selbst geheilt, während die Koralle Stück für Stück aus ihm herausgewachsen war.

Drei Tage später setzten die Ohrenschmerzen wieder ein. Hörte das denn niemals auf? Anstatt mit westlicher Medizin versuchte ich es nun mit traditionellen indonesischen Ohrenkerzen, die zwar das Ohrenschmalz heraussogen, die Bakterien aber nicht störten.

Anstatt meinen Körper weiter zu stählen, hatte ich es innerhalb von vier Monaten geschafft, ihn auf Werkseinstellung zurückzusetzen. Ich war so entkräftet, dass ich bei null anfangen musste. Zurück in Canggu, kurz vor unserer Abreise, stellte ich Bobby zur Rede.

»Was habe ich den Dämonen getan, dass sie mich so sehr malträtieren?«

Bobby lachte. »Das kannst wahrscheinlich nur du selbst beantworten. Manchmal braucht man einfach ein paar Dämonen, um wieder auf den Boden der Tatsachen zu gelangen.« Er wirkte geheimnisvoll.

»Warum sind sie überhaupt hier auf Bali und nicht auf Java oder Sumatra?«

»Die Dämonen gehören zu unserem Glauben. Ohne Dämonen gäbe es auch keine Götter, und wir müssen beide gleichermaßen respektieren. Erinnert ihr euch an das balinesische Neujahr mit den Ogoh-Ogoh-Statuen, die am Ende der Parade am Strand verbrannt werden? Ihre Asche wird ins Meer gestreut, um die Dämonen von der Insel fernzuhalten.«

Wir hatten mitbekommen, dass in den Tempeln von Hand grässliche Kreaturen aus Pappmaschee geformt wurden, die kurz nach dem Neujahrsfest in einer Prozession von allen Dorfbewohnern zum Strand getragen wurden. »Dämonen halten sich vermehrt im Salzwasser auf. Ihr werdet keinen Hindu finden, der seinen Lebensunterhalt mit Fischerei verdient. Die Fischer hier sind allesamt Muslime. Die Einzigen, die sich ins Wasser trauen, sind die jungen Leute auf ihren Surfbrettern. Sie sind nicht mehr so stark in ihrem Glauben verwurzelt wie ihre Eltern und Großeltern. Aber wenn sie dort hinauspaddeln, dann tun sie das nie in einer grünen Badehose. Einer alten Sage nach verschluckt das Meer alles, was die Farbe Grün hat. Ganz haben sie den Glauben offenbar noch nicht verloren.«

Es war also gar nicht die Insel selbst, vor der man sich in Acht nehmen musste, sondern die angrenzenden Gewässer, die geradezu dämonenverseucht sein mussten. So göttlich entspannt Bali mir auch jetzt noch erschien, begriff ich, dass ich hier nicht länger bleiben sollte. Ich hatte erkannt, dass eine Routine existierte, die mich nicht an den Rand des Wahnsinns trieb, aber ich würde sie nicht länger in den Gewässern vor der Insel der Götter exerzieren.

* * *

Yanti schläft. Die Dämmerung hat gerade ihr Ende gefunden, und der Raum ist in das kalte Licht der Neonröhren getaucht. Ich erinnere mich an die Fotostrecke einer australischen Fotografin, die durch Bali gereist war, um herauszufinden, wie es auf der Insel um Menschen bestellt ist, die als behindert eingestuft werden. Vor allem geistig behinderte Menschen wurden gezeigt, wie sie in kargen Räumen kauern, ohne Licht oder nur mit einer grellen Neonröhre ausgestattet. Wie in Gefängniszellen stand eine Schüssel mit Reis neben ihnen auf dem nackten Boden, manche von ihnen waren angekettet, als wären sie selbst die Dämonen, die gezügelt werden mussten, damit sie nicht entfliehen und Schande über die Familie bringen konnten. Denn wer ein behindertes Kind gebärt, dem wird ein schlechtes Karma nachgesagt.

Ich gehöre weder dem hinduistischen Glauben noch sonst einer Religion an, aber ich merke in diesem Moment, da ich Yanti anschaue, die durch die Kabel und Schläuche an ihren Inkubator gekettet ist, dass es mich glücklicher macht, in diesem Fall nicht an Zufall zu glauben. Dass Yanti mich gewählt hat, weil ich ihr der bestmögliche Vater sein werde. Das gibt mir Kraft. Hin und wieder überkommt mich der bedrückende Gedanke, dass sie wahrscheinlich niemals erfahren wird, welches Gefühl von Freiheit sie auf einem Surfbrett inmitten der Kräfte des Ozeans überkommen würde. Zu wissen, was es bedeutet, klein und unbedeutend zu sein, zu verstehen, dass sie im Einklang mit den Naturgewalten das Glück finden kann. Dann kommt mir ein Gedanke, der mich tröstet. Der Gedanke, dass sie nicht wie ich vor dem Alltag fliehen muss, um einen Moment, wenn er passiert, genießen zu können.

HEDONISTAN ODER VOM GLÜCK, IM STAU ZU STEHEN

Dominikanische Republik,
Februar 2015 bis März 2016

Während ich auf dem gitterummantelten Balkon unseres Apartments im oberen Stockwerk eines kolonialen Einfamilienhauses stand und beobachtete, wie sich die alten Herren im nahe gelegenen Park auf eine erste Partie Schach vorbereiteten, der Betreiber des Colmados an der Straßenecke Kaffee für die Frühaufsteher ausschenkte und die sonntäglichen Kirchgänger das gegenüberliegende Gotteshaus betraten, wusch unser Nachbar seinen neuen Toyota. Vom Balkon seiner Wohnung aus kippte er eimerweise Wasser durch das Gitter, über die maroden Oberleitungen direkt auf das Wagendach. Über mögliche negative Nebeneffekte dachte er vermutlich nicht nach. Oder vielleicht tat er es, und sie waren ihm einerlei.

Die Dominikaner waren hilfsbereite, gastfreundliche Menschen. Zugleich schienen sie immer darauf bedacht, das eigene Wohlergehen zu steigern. Wenn die alten Griechen den Begriff Hedonismus nicht erfunden hätten, wären es wohl die Bewohner des Ostens Hispaniolas gewesen. Warum die Stufen bis ins Erdgeschoss hinabsteigen, um das Auto zu waschen, wenn es auch von hier oben machbar war? Falls ein Passant bei der Aktion nass würde, könnte man sich immer noch entschuldigen. Und wenn man dabei durch einen Stromstoß sein Leben ließe, wäre man im letzten Augenblick immerhin entspannt gewesen.

Fast zwei Jahre lang war ich zu *Journeyman*-Lesungen und Vorträgen durch Deutschland getourt, und es tat gut, mich wieder von einer anderen Lebensweise inspirieren zu lassen. Nico arbeitete erneut für die Vereinten Nationen vor Ort, und ich würde ein ganzes Jahr mit ihr in Santo Domingo verbringen, um an der Produktion einer Videoreportage über die Surfer von Sri Lanka zu arbeiten, die wir im Vorjahr gedreht hatten.

Der Straßenverkehr der Hauptstadt folgte keinen Regeln. Was in Deutschland als gesetzliche Verpflichtung galt, war hier nur eine Möglichkeit von vielen. Man konnte an der roten Ampel stehen bleiben, aber auch langsam bis zur Kreuzung vorfahren und schauen, ob die Straße frei war. Auch wenn sie nicht frei wäre, könnte man versuchen, die Kreuzung zu überqueren. Gehwege waren, wenn es sich auf der Straße staute, auch Fahrwege und Einbahnstraßen in beide Richtungen befahrbar. Kaum ein Auto, und sei es noch so neu, das nicht schon eine Delle, ein kaputtes Licht oder zerbeulte Türen aufwies. Da hier fast niemand die monatliche Gebühr für eine Versicherung zahlen konnte, lohnte sich das Anhalten nach einem Blechschaden nicht. Meist fuhren beide, sowohl der Unfallgeschädigte als auch der Unfallverursacher, weiter. Auch aus Angst, der andere Fahrer könnte mit einer Machete oder sogar einer Schusswaffe aussteigen. Denn so gemütlich die Dominikaner wirkten, so aufbrausend führten sie ihre Streitigkeiten.

Nico und ich hatten die fatale Idee, an Semana Santa, dem verlängerten Osterwochenende, einen Ausflug an die Bahia de las Agilas, einen abgelegenen Strand ganz im Südwesten, kurz vor der haitianischen Grenze, zu machen. Zusammen mit Christoph, einem gemeinsamen Schulfreund, der seinen Urlaub bei uns verbrachte, starteten wir am Freitag nach Büroschluss. Wir waren nicht die Einzigen. Kaum hatten wir die Stadt verlassen, wurde die Ausfahrtsstraße zweispurig. Man überholte auf dem Standstreifen. Irgendwann wurde zusätzlich die Gegenspur in Beschlag genommen, sodass stadteinwärts Fahrende auf ihren Standstreifen auswichen. Als auch dieser von den Hauptstädtern beschlagnahmt und aus einer einspurigen kurzerhand eine vierspurige Straße gemacht wurde, ging plötzlich gar nichts mehr. Die Fahrer hupten, schrien, fluchten. Dann geschah etwas Erstaunliches. Anstatt sich weiterhin dem Verfluchen anderer Verkehrsteilnehmer zu widmen oder zu versuchen, das Chaos durch eine Gasse für den Gegenverkehr zu beseitigen, wurden die Soundanlagen aufgedreht und die Kühlboxen ausgepackt. Kilometerweit waren die Klänge von Merengue und Regaton zu hören, Frauen und Männer tanzten auf dem heißen Asphalt zu Rhythmen von Bachata und Salsa im Licht der untergehenden Sonne.

»Wer mag einen Schluck Rum?«, fragte ich Nico und Christoph. Von der Feierlaune angesteckt, setzten wir uns auf den Asphalt, tranken Rum und redeten über die gute alte Zeit, während Frauen und Männer, Kinder und Jugendliche um uns herum das Leben im Jetzt in vollen Zügen genossen. Die Flaschen leerten sich, bis es Nacht wurde und sich doch noch einer ein Herz fasste, die Gasse für den Gegenverkehr einleitete und die Fahrt in Schlangenlinien weitergeführt werden konnte. Diese lebensbejahende Reaktion auf eine hausgemachte Krise wurde für mich zum Sinnbild der dominikanischen Kultur.

»Es kann noch so schlimm kommen, den Spaß am Leben aufzugeben wäre eine Kränkung des dominikanischen Stolzes«, erklärte mir unser Nachbar Rafael, als ich ihm die Geschichte nach unserer Rückkehr erzählte. Rafael gehörte der neuen Generation der Hedonisten an. Anfang zwanzig und selbst erklärter Poet, Künstler und Magier. Seine Freundin, eine zehn Jahre ältere Spanierin, bestritt mit ihrem Gehalt nicht nur die Miete, sondern füllte auch den Kühlschrank.

Nicos und meine Wohnung lag in der kolonialen Altstadt, einem geschichtsträchtigen Ort. In nur dreihundert Meter Entfernung thronte das Alcázar de Colón, das älteste Gebäude der Neuen Welt, über dem Río Ozama, der bei Santo Domingo ins Karibische Meer mündet. Erbaut hatte es Diego Kolumbus, Sohn des berühmten Entdeckers des amerikanischen Kontinents. In den Fluten des Río Ozama und in der Altstadt hatten Tausende Menschen, Angehörige des Volks der Taínos, Spanier, Briten und Piraten, in erbitterten Kämpfen ihr Leben gelassen.

Heutzutage konnte man als Fremder ein angenehmes Leben auf der karibischen Seite der Insel führen, sofern man seine Ansprüche neu justierte. Ein Leben wie in Deutschland gab es nicht. Wenn man es so deutsch wie möglich haben wollte, zahlte man nicht nur ungeheure Preise, sondern auch einen hohen Nervenzoll. Stromausfälle waren, wie in Simbabwe, keine Seltenheit. Während der Dürreperioden mussten Nico und ich oft Wochen ohne fließendes Wasser auskommen. Wir stellten große Wasserkanister in die Küche und ins Badezimmer und genossen die tägliche Dusche mithilfe einer großen Schöpfkelle. Schon nach zehn Tagen hatten wir uns so daran gewöhnt, dass die Freude über das wiederkehrende Wasser aus den Armaturen sich in Grenzen hielt.

Wir kauften uns ein Auto und nannten es Karla. Ein feuerrotes Jeepeta, das aussah wie ein Geländewagen, aber das Innenleben eines gewöhnlichen Kleinwagens hatte. Zwar zahlten wir einen zu hohen Preis – aber die Aussicht, jederzeit die nahe gelegenen Surfspots zu erreichen, entschädigte dafür. So nahe an einem gesetzten Leben war ich seit Jahren nicht gewesen, und ich war nicht unzufrieden, ganz im Gegenteil. In einem Jahr, wenn Nicos Vertrag endete, würden wir weiterziehen. Dann würde wieder alles anders sein.

Nach zwei Wochen entpuppte Karla sich als Unfallwagen, der nach jedem Ausflug in die Werkstatt musste. Und dann waren da die nächtlichen Diebstähle. Kaum ein Morgen, an dem nicht irgendetwas fehlte. Es fing an mit den Außenspiegeln, die wir dreimal nachkauften, bevor wir auf den Seitenblick verzichteten. Eines Morgens fehlten die Verkleidungen der Außenspiegel, kurz darauf die Scheibenwischer. Das Fehlen der Plastikabdeckungen des Dachgepäckträgers fiel uns erst nach Wochen auf. Als ich eines Tages den Wagen starten wollte, um Nico zur Arbeit zu bringen, tat sich gar nichts mehr. Karla gab keinen Laut von sich. Die Kontrollleuchten im Armaturenbrett zeigten nichts an, was das Problem erklärte. Ein Blick in den Motorraum offenbarte eine klaffende Lücke, wo einst die Batterie gesessen hatte.

»Parkt hier drüben, unter der Straßenlaterne. Da gibt es eine Kamera. Das wissen die Diebe und lassen euer Auto in Frieden«, riet uns Jorge, ein kleiner Mann mit Dreitagebart, den man häufig durch die Gassen humpeln sah, während der Saum eines übergroßen T-Shirts seine Knie umschmeichelte. Jorge war ein Kriegsveteran, dessen Lebensmittelpunkt der kioskähnliche Colmado an der Ecke war, wo er täglich in die Sonne blinzelte und mit seinen Nachbarn den neuesten Klatsch austauschte. Hin und wieder bot er auch seine Hilfe bei kleineren Klempner- oder Elektrikerarbeiten an. Er war so etwas wie die gute Seele des Kiezes.

Es sich so angenehm wie möglich zu machen war hier eine Selbstverständlichkeit. Doch noch etwas anderes mischte sich darunter, etwas, das mir half, Gefahren und Risiken besser einzuschätzen: die fehlende Lust der Menschen, anderen bewusst

Schaden zuzufügen. Ausgeraubt zu werden war keine Seltenheit, die Kriminalitätsrate vor allem in der Hauptstadt extrem hoch, aber wenn man sein Geld bereitwillig hergab, bestand keine Gefahr für das eigene Wohl. Menschen, die aus Frustration oder Langeweile andere Menschen Treppen hinunterstießen, vor fahrende Züge schubsten oder nach dem Zufallsprinzip Opfer suchten und verprügelten, gab es nicht. Zumindest hatte ich nie davon gehört. Auch Vandalismus war für die Menschen hier ein Fremdwort. Es passte einfach nicht in das Schema der Hedonistenlogik, sich aufraffen zu müssen, um Mitmenschen bewusst zu schaden. Der Schaden anderer war keine Kategorie des eigenen Vorteils.

Natürlich gab es auch hier Frustration über Armut und fehlende Perspektiven, über korrupte Staatsoberhäupter und ihre teils menschenverachtende Politik. Es gab gute Gründe, wütend zu sein. Doch die Wut wurde über die Jahre geschickt kanalisiert. Schuld waren die Haitianer, die ungeliebten Nachbarn, die als illegale Einwanderer teilweise unter sklavenähnlichen Bedingungen arbeiteten.

»Sie nehmen uns Dominikanern die Jobs weg und fluten das Land mit ihrer fremden Kultur und ihrer dunklen Hautfarbe.« Es war die alte Leier, die das Lied vom Alltagsrassismus spielte. Diese Melodie hatte ich mittlerweile zu oft hören müssen – sie war hässlich, und wenngleich für Nico und mich nicht gefährlich, ließ sie uns immer wieder sauer aufstoßen.

Spannend blieb es allemal.

Als Nico und ich eines Sonntagnachmittags am nahe gelegenen Surfspot La Boya im Wasser auf unseren Brettern lagen, hörte ich Schüsse. Ich drehte mich zum Ufer und sah in der Ferne jemanden auf den Klippen stehen, eine Waffe in der Hand, den Lauf auf uns gerichtet.

»Scheiße, Nico, da schießt jemand auf uns!«, rief ich ihr zu und ließ mich vom Brett ins Wasser gleiten, bis nur noch mein Gesicht oberhalb der Wasseroberfläche zu sehen war.

»Was macht der da?« Nico schien verwirrt.

»Der Typ hat eine Waffe und schießt aufs Meer. Vielleicht ist er betrunken. Lass uns abhauen, zurück ans Ufer. Links von ihm ist eine kleine Bucht, da können wir in Deckung gehen.«

Als wir das Ufer erreichten und ich über einen Felsvorsprung lugte, war niemand mehr zu sehen. Nur der Staub, den die Reifen eines wegfahrenden Wagens aufgewirbelt hatten, verriet, dass jemand da gewesen war. Ein paar Jungs aus dem nahe gelegenen Dorf lungerten am Parkplatz herum, um sich ein bisschen Geld zu verdienen, indem sie vorgaben, auf die Wagen der Surfer achtzugeben, während die Besitzer im Wasser waren. Vermutlich waren es dieselben Jungs, die ab und an eines der Autos knackten. Gemütlicher war es jedoch, beisammenzusitzen und sich dafür bezahlen zu lassen, nichts Unrechtes zu tun.

»Was war da eben los?«, fragte Nico in die Runde.

»Was meinst du?«, fragte der Älteste zurück.

»Habt ihr die Schüsse nicht gehört? Da hat jemand am Strand gestanden und aufs Meer geschossen.«

»Ach so, der. Der hat sich eine neue Pistole gekauft und wollte schauen, wie weit sie schießt.« Der Junge lehnte betont lässig an einem Geländer. »Ziemlich cool, oder?«

»Nee, ziemlich scheiße. Wir waren im Wasser. Da, wo seine Schüsse hinzielten«, gab Nico mit derselben übertriebenen Lässigkeit zurück.

»Ja, aber der hat doch nicht auf euch gezielt.« Nun klang der Junge etwas weniger entspannt.

Nico hob die linke Augenbraue und lächelte ihn an. »Ich dachte, ihr verdient hier etwas dazu, indem ihr aufpasst, dass nichts passiert«, erklärte sie beiläufig, während sie ihre Haare mit einem Handtuch trocknete. Nico hatte sieben der letzten zehn Jahre mit kleinen Unterbrechungen auf der Insel verbracht und sprach mittlerweile ein Spanisch, wie es auch in den dominikanischen Dörfern gesprochen wurde. Sobald der Junge begriff, dass die Rubia, die Blonde aus Europa, seinen Slang nicht nur verstand, sondern beherrschte, schwand seine ganze Lässigkeit dahin. Plötzlich schlug er höfliche Töne an. »Wir werden in Zukunft aufpassen, versprochen! So etwas passiert nicht mehr.«

Ohne den Wechsel der Jahreszeiten vergingen die Monate wie Tage. War es schon Mai oder noch April? November oder Dezember? Im Mai pflückten wir goldene Mangos von dem Baum, der sich vom Nachbargrundstück aus zu uns herüberstreckte, im August Avocados von einem anderen. Von Anfang September bis Ende Oktober zogen Hurrikane über das Land, die einige Tage Regen brachten, aber vom Licht und der Wärme her glichen die Tage den Wochen und die Wochen den Monaten, die das Kalenderjahr unmerklich füllten. Ich hatte einen neuen Job für eine Reportageserie aus Deutschland angenommen und bereitete mich auf eine Reise vor. Kurz nach Silvester, Nico und ich waren schon ein knappes Dreivierteljahr auf der Insel, lag ich neben der Balkontür auf dem Sofa und genoss die leichte Brise, die vom Meer her kam, als Nico aus dem Badezimmer trat und mir einen stiftähnlichen Gegenstand vors Gesicht hielt. Nachdem sich meine Augen auf die kurze Distanz eingestellt hatten, konnte ich es lesen. *Pregnant* stand dort.

»Meinst du wirklich?«, fragte ich skeptisch.

»Na, hier steht es doch«, sagte Nico.

Bevor wir auf die Insel gezogen waren, hatten wir nicht an die Möglichkeit gedacht, eine Familie zu gründen. Unser Leben war zu unstet. Selten waren wir länger als ein paar Monate am selben Ort geblieben. Doch der Arbeitsalltag und die Abende in der Karibik hatten uns verändert. Wenn wir abends bei einem Mojito auf der Dachterrasse saßen und den Kreuzfahrtschiffen hinterhersahen, bis ihre Lichter am Horizont erloschen, war immer öfter das Familienthema aufgekommen.

Erst vor Kurzem hatten wir entschieden, es zu versuchen – aber dass es so schnell gehen könnte, hatte ich nicht erwartet. Für mich hatte die Nachricht etwas Unwirkliches.

»Lass uns am Montag zum Arzt gehen für einen Bluttest. Ich traue dem Ding nicht so ganz«, bat ich Nico sachlich.

»Diese Tests haben eine Genauigkeit von mindestens neunzig Prozent. Und außerdem bin ich mir ziemlich sicher. Ich spüre das.«

»Du weißt schon. Ich will mich nicht über etwas freuen, das mir dann wieder genommen wird. Immerhin besteht eine Chance, dass du doch nicht schwanger bist.«

»Ja, ich weiß. Okay, lass uns mit dem Freuen bis Montag warten.«

Nachdem wir die Klinik verlassen und den Briefumschlag geöffnet hatten, in dem die Ergebnisse der Blutuntersuchung steckten, gab es keinen Grund mehr für künstliche Zurückhaltung. Nico war schwanger. Am Rande der Hauptstraße, in der Mittagshitze, umhüllt von Abgasen und Smog, umgeben von Berufstätigen, die in die Mittagspause eilten, blieb die Zeit für uns einen Augenblick stehen. Fest umschlungen lagen wir uns in den Armen und versicherten einander immer wieder neu: »Wir bekommen ein Kind! Wir werden Eltern.«

Bald standen die ersten Untersuchungen und Tests an. Das kleine pochende Herz war ganz deutlich auf dem Monitor der Gynäkologin zu erkennen. Alle Werte waren im positiven Bereich. Auch zwei Monate später, beim ersten Screening auf

Unregelmäßigkeiten, fanden die Ärzte nichts Auffälliges. Trotzdem waren wir besorgt. Das Zika-Virus hatte sich seit einigen Wochen vom lateinamerikanischen Festland seinen Weg auf die Insel gebahnt. Vor allem aus Brasilien hörte man von vielen Neugeborenen, die unter Mikrozephalie litten, einem Gendefekt, hervorgerufen durch das von Mücken übertragene Virus. Eine regelrechte *Schrumpfkopfepidemie*, titelten selbst deutsche Zeitungen, gefolgt von Reisewarnungen für Schwangere in Gefährdungsgebiete. Kurz atmeten wir auf, als Nico negativ auf das Virus getestet wurde, machten uns jedoch gleich daran, Vorkehrungen zu treffen, die sie vor Mückenstichen schützten. Nico trug nur noch wadenlange Kleidung und Socken, und ich verzichtete auf Mückenspray, um die Plagegeister zu mir zu locken. Das funktionierte, zu meinem Leidwesen, erstaunlich gut. Überall standen Duftkerzen mit Citronella-Aroma. Wir hielten Türen und Fenster geschlossen, was zur Folge hatte, dass vor allem Nico häufig müde war und schwitzte. Nicht selten schlief sie nach der Arbeit auf dem Sofa ein, sodass ich sie wecken musste, damit sie zu mir ins Bett kam und ich ihr Mückendeckung bieten konnte.

»Was wäre, wenn unser Kind tatsächlich Mikrozephalie oder irgendeine andere Behinderung hätte?«, fragte Nico, nachdem sie einen Artikel über Kinder gelesen hatte, die ihr Leben lang pflegebedürftig blieben. »Ganz ehrlich, ich weiß es nicht. Ich hatte so selten Kontakt zu Menschen mit geistiger Behinderung, dass ich nicht genau weiß, wie ich dazu stehe«, gab ich zu. »Aber wenn ich mir vorstelle, dass unser Kind eine Behinderung hätte, muss ich zugeben, dass ich damit ein Problem hätte.«

»Ja? Warum?«, fragte Nico interessiert.

»Mich wundert, dass dich das wundert. Wir beide sind freiheitsliebende Menschen. Für dich war es schon eine Überwindung, überhaupt mit dem Gedanken zu spielen, ein Kind in die

Welt zu setzen. Und ein behindertes Kind würde bedeuten, dass unsere Unabhängigkeit nie wiederkommt.«

»Das stimmt, da hast du recht. Aber wenn ich darüber nachdenke, wäre eine Behinderung für mich kein Grund für einen Schwangerschaftsabbruch. Ich hab mich mittlerweile darauf eingestellt, für einen anderen Menschen verantwortlich zu sein. Ob das nun ein gesundes Kind ist, das wächst, selbstständig wird und auszieht, sobald es volljährig ist, oder ein Mensch, der sein Leben lang Kind bleibt, spielt für mich kaum eine Rolle. Und wer kann mir schon versichern, dass ein gesundes Kind nicht im Laufe seines Lebens zum Pflegefall wird? Hat man nicht ohnehin ständig Sorge um seine Kinder, egal in welchem Alter sie sind?« Nico klang unbeschwert.

»Ich hoffe, du bist nicht dabei, mir klarzumachen, die langen Klamotten seien unnötig«, erwiderte ich im Scherz.

»Nein.« Nico lachte. »Ich werde alles dafür tun, dass unser Kind gesund und stark auf die Welt kommt. Hast du nicht gemerkt, dass ich schon vor der Schwangerschaft fast ganz auf Alkohol verzichtet hab?«

»Stimmt, jetzt, wo du es sagst. Mojitos ohne Rum und so. Aber du wusstest doch noch gar nichts von deiner Schwangerschaft?«

»Ich hatte so ein Gefühl. Und oft ist es ratsam, Gefühlen zu vertrauen. Wie bei diesem neunzigprozentigen Schwangerschaftstest«, erklärte sie und grinste.

Es gibt Orte in der Dominikanischen Republik, da scheinen die Gesetze noch weniger zu gelten als im Rest des Landes. Vor allem im Süden mit seinen wüstenähnlichen Landstrichen und schier unerträglicher Hitze. Da ist die Armut unübersehbar.

Jedes Mal, wenn wir nach Pato Beach fuhren, einem Surfstrand südlich der Hauptstadt, der in seiner Schönheit einer Postkarte nachempfunden schien, passierten wir den kleinen

Ort Don Gregorio. Mich hätte nicht gewundert, zu erfahren, dass der Bürgermeister in seiner Verzweiflung die Flucht ergriffen und das Dorf seinem Schicksal überlassen hatte. In der Straße, die zum Strand hinabführte, herrschte Anarchie. Jugendliche fuhren auf den Hinterrädern ihrer Mopeds Rennen, vorbei an Kleinkindern, die unbeaufsichtigt in Windeln über die Straße krabbelten und herrenlose Ziegen am Schwanz zogen. Betrunkene Familienväter flirteten mit Nachbarstöchtern, und immer wieder gab es Krach. Gerangel, Lärm, Menschenmengen, die sich plötzlich bildeten. Männer, die versuchten zu schlichten, und andere, die die Streithähne begeistert anfeuerten.

Als wir nach einer unserer Surf-Sessions im Sonnenuntergang das Dorf durchquerten, war die Straße so verstopft, die Stimmung so aufgeheizt, dass wir umkehren wollten, bis sich die Lage beruhigt hätte. Nico und ich wussten, dass eine Bande mit Schusswaffen ihr Unwesen im Nachbardorf trieb, und waren besonders vorsichtig, wenn es zu Menschenansammlungen kam. Als ich in der Dunkelheit mit Schrittgeschwindigkeit zurücksetzte, um keines der Kleinkinder zu überfahren, kurbelte Nico das Fenster herunter und sprach einen Dorfbewohner an.

»Ist irgendwas passiert? Sollen wir einen anderen Weg nehmen?«, fragte sie den jungen Mann, während ich zwischen Bewunderung für ihren Mut und Verärgerung über ihren Leichtsinn schwankte.

»Eine Frau hat mit dem Mann der Nachbarin geschlafen. Die steht jetzt vor der Tür der Nebenbuhlerin und droht ihr Prügel an.« Er lachte und schien begeistert, als wollte er sich diese Szene, wie der Rest des Dorfes, keinesfalls entgehen lassen.

»Sollen wir dann nicht doch lieber einen anderen Weg nehmen?«, hakte Nico nach.

»Aber nein. Kommt, ich mach euch eine Gasse frei«, rief er

und gab bereits der Menge Anweisung, den Gästen aus dem Ausland Platz zu machen, was sofort geschah. Als wir freie Fahrt hatten, winkte er zum Abschied.

* * *

Ich erinnere mich, wie wunderbar und skurril mir in diesem Augenblick die spontane Hilfsbereitschaft des Mannes vorkam, als ich zu Nico und Yanti ins Krankenhaus komme und Nico mir erzählt, der Nachtpfleger habe für Yanti eine kleine Höhle aus einem Stilltuch gebaut, damit sie das grelle Licht des Nachbarinkubators nicht so stört. Nico ist gerührt.

»Weißt du, was er zu mir gesagt hat?«, fragt sie, als ich meine Sachen abgelegt habe, um mich neben sie und unsere Tochter zu setzen. »Er erzählte mir, dass er dabei war, als wir nach der Geburt hierhergebracht wurden und neben Yanti eingeschlafen sind. Für ihn sei es das perfekte Bild einer Familie gewesen, meinte er. So würde er es sich für alle Kinder wünschen. Stell dir vor, er kennt Yanti erst einen Tag, und schon hat er sie lieb gewonnen. Sie sei etwas Besonderes, hat er gesagt.«

Nico hat Tränen in den Augen, und zum ersten Mal seit Tagen sind es keine Tränen der Sorge. Sie fühlt sich bestärkt darin, das Richtige zu tun, wenn sie jede freie Minute an Yantis Seite verbringt.

»Was wir für ein Glück haben, dass wir so viel Hilfe bekommen«, sagt sie, und ich denke an den kleinen Ort im Süden der Dominikanischen Republik, für den es keine Hilfe zu geben schien. Wenn Don Gregorio unsere Heimat wäre, wäre ich jetzt vermutlich kinderloser Witwer. Weder Nico noch Yanti hätten die Geburt überlebt, und ich würde, wie der Rest des Dorfes, meine Verzweiflung in Alkohol ertränken.

Und doch ist da noch etwas anderes. Die Dominikaner hatten eine solche Leichtigkeit. Sie wussten, was es heißt, das Leben zu genießen. Erfolgsdruck war für sie kein Selbstzweck.

Hier, in Deutschland, ist es unabdingbar, Kindern alles zu ermöglichen. Selbstverwirklichung ist beinahe ein Muss.

Was ist, denke ich, wenn mein Kind sich gar nicht selbst verwirklichen möchte? Wenn Yanti nichts will, außer glücklich sein, ja, wenn sie nicht mal in der Lage ist, das Konzept der Selbstverwirklichung zu fassen? Vielleicht wäre sie dann in einem Land im Süden besser aufgehoben?

* * *

Irgendjemand oder etwas schien zu wollen, dass wir die Insel verließen. Nichts ging mehr leicht von der Hand, alles, was wir uns vornahmen, misslang. Offenbar war unsere Zeit als Hedonisten abgelaufen. Karla fuhr keine längeren Strecken mehr, ohne einen ihrer Keilriemen zu verlieren oder zu überhitzen. Immer wieder mussten wir anhalten und warten, bis sie aufgehört hatte, Kühlwasser zu speien. Irgendwann konnten wir sie nirgends mehr alleine stehen lassen, weil ihre Türverriegelung sich immer häufiger von selbst öffnete. Nach einer knappen Stunde auf einem bewachten Parkplatz des Flughafens in Puerto Plata war die Beifahrertür aufgeknackt und unsere Rucksäcke mit Laptops, Kameras und Reisepässen entwendet worden. Auch die Festplatten mit der Doku über die Surfer von Sri Lanka waren verloren – eine Arbeit, die mich Monate gekostet hatte. Nur zehn Meter entfernt standen mehrere Angestellte des Sicherheitspersonals, ihre Pumpguns baumelten lässig um ihre Schultern.

»Was, aufgeknackt? Nein, wir haben nichts gesehen«, beteuerte einer der Männer mit Unschuldsmiene.

»Aber ihr standet ja direkt daneben!« Nico war entrüstet. »Wenn ein Wagen aufgebrochen wird, das hört man doch.«

»Es war dunkel. Wir konnten nichts sehen«, erklärte nun ein anderer. Unwahrscheinlich, dass die Dunkelheit den Lärm verschluckt hatte. Die Männer würden ihren Anteil an der Beute erhalten, wenn sie schwiegen.

»Fukú!«, sagte ein dritter. Wann immer etwas Schlimmes und Unerkläliches passierte, war dies die passende Antwort. Man trat in einen Hundehaufen: Fukú. Jemand verstarb ganz plötzlich: Fukú. Man wurde ausgeraubt, weil man zur falschen Zeit am falschen Ort war: Fukú. Der Begriff war nicht etwa gleichbedeutend mit Karma oder Schicksal, sondern schlicht und ergreifend ein Fluch, der jeden traf, sobald er einen Fuß auf die Insel setzte. Uns beiden war klar, dass wir nach diesem Ausspruch keine weiteren Informationen von den Sicherheitsleuten bekommen würden.

Anstatt nach Ablauf von Nicos Vertrag die freie Zeit zu genießen und dem Stress der Hauptstadt zu entfliehen, würden wir uns nun mit dem Desinteresse der dominikanischen Polizisten herumschlagen, mit Behörden und Banken telefonieren, um unsere Konten sperren zu lassen, und bei der Deutschen Botschaft vorstellig werden, um neue Reisepässe zu organisieren.

Als ich ein paar Tage später mit einem dicken Bündel Pesos auf dem Weg zur Botschaft war, um meinen neuen Pass abzuholen, wurde ich von zwei Polizisten auf einem Motorrad zum Anhalten gezwungen. Das passierte nicht zum ersten Mal, und ich wusste, was nun folgen würde. In meinem Frust entschied ich, diesmal nicht klein beizugeben.

»Guten Tag, Führerschein und Fahrzeugpapiere bitte«, verlangte der Jüngere der beiden.

»Guten Tag, wie geht es Ihnen?«, fragte ich freundlich zurück. Er antwortete nicht, und ich übergab meine Fahrzeugpapiere, die er überflog, aber nicht überprüfte. Er wollte auf etwas anderes hinaus, denn dies war keine Routinekontrolle.

»Wissen Sie, warum ich Sie angehalten habe?«, erkundigte er sich, während er mir die Papiere zurückgab.

»Beim besten Willen nicht. Habe ich etwas falsch gemacht?«, fragte ich in gespielter Ahnungslosigkeit.

»Sie sind über eine rote Ampel gefahren.«

»Über eine rote Ampel? Welche denn?«

»Die dahinten.« Er deutete in die Richtung, aus der ich gekommen war, und verriet sich damit endgültig. Ich war eben erst in die 27 de Febrero eingebogen und hatte gar nicht die Möglichkeit gehabt, über die von ihm genannte Kreuzung zu fahren.

»Ich komme aber aus der Maximo Gomez.« Schon während ich es sagte, wusste ich, dass es hier nichts zur Sache tat.

»Nein, ich habe Sie gesehen. Dahinten sind Sie über Rot gefahren«, beharrte er. »Das kostet zweitausend Peso.« Plötzlich blickte er sich um, als ob er sichergehen wollte, dass ihn niemand beobachtete. Das Bußgeld von umgerechnet vierzig Euro war aus der Luft gegriffen. Wahrscheinlich hatte er es auf gut Glück angesetzt.

»Hören Sie, ich muss zur Botschaft, weil ich ausgeraubt worden bin. Ich habe nur so viel Geld dabei, wie ich brauche, um meinen Pass zu bekommen. Wenn ich ihn heute nicht abhole, können meine schwangere Frau und ich nicht nach Hause fliegen«, versuchte ich es auf die Mitleidstour.

»Dann geben Sie mir einfach tausendfünfhundert, und Sie können weiterfahren.« Immerhin begann er schon zu feilschen.

»Auch die kann ich Ihnen nicht geben.«

»Dann müssen Sie mit aufs Revier.« Er klang nun etwas ungehalten. Da die Botschaft tatsächlich bald schließen würde, konnte ich nicht auf das Angebot eingehen, mit auf die Wache zu fahren. »Schreiben Sie doch einfach einen Strafzettel, so wie es üblich ist. Den Betrag werde ich dann direkt im Anschluss an meinen Botschaftsbesuch überweisen.«

»Ich habe keine Strafzettel dabei«, log er mich an.

»Aber das ist doch nicht meine Schuld. Ich kann Ihnen doch nicht einfach so Geld geben. Würden Sie das tun, wenn Sie angehalten würden?«

»Aber natürlich, das hat alles seine Richtigkeit.« Er ließ einfach nicht locker, schaute aber immer wieder über die Schultern, um sich in Sicherheit zu wiegen. In einer Viertelstunde schloss die Botschaft. So konnte ich mich nicht über die Zeit retten. Da ich keine kleinen Scheine mehr eingesteckt hatte, gab ich ihm widerwillig einen Fünfhundert-Peso-Schein. Er bedankte sich, wünschte mir eine gute Weiterfahrt und wies mich höflich darauf hin, dass ich eine Umgehungsstraße nehmen solle, da aufgrund des hohen Verkehrsaufkommens auf der Hauptstraße mit Stau zu rechnen sei. Ich bedankte mich ebenso höflich, nahm die Umgehungsstraße und erreichte die Botschaft gerade rechtzeitig, um meinen Pass abzuholen.

Einerseits ärgerte ich mich über den Polizisten, der mich in diese Situation gebracht hatte, andererseits über mich selbst, dass ich den einfacheren Weg der Korruption mitgegangen war. Allerdings wusste ich auch, dass ein Monatsgehalt von vierhundert Euro kaum ausreichte, um eine Familie zu ernähren, und die Bestechlichkeit unter Polizisten deshalb so salonfähig war. In gewisser Weise waren falsche Bußgelder eine Art Trinkgeld.

Es regnete mehrere Tage lang, sodass die Mücken in Heerscharen vorstellig wurden. In Nicos Büro gab es mittlerweile die ersten Fälle von Zika, und auch in unserem Freundeskreis, sowohl bei den anderen Expats als auch bei den Einheimischen, breitete sich das Virus aus, sodass wir nur noch mit einigen wenigen direkten Kontakt halten konnten. Nach Sonnenuntergang war es mittlerweile zu riskant geworden, vor die Tür zu gehen. Das Einzige, was uns noch davon abhielt, unseren Rückflug nach Deutschland vorzuziehen, war Karla. Sie ächzte und seufzte sich durch die Straßen. Wir fuhren kreuz und quer durchs Land, um sie potenziellen Käufern zu zeigen. Immer wieder mussten wir Pausen einlegen, während ihr Motor im Schatten eines Baumes abkühlte. Keiner der Interessenten wollte Karla übernehmen – wer wollte sich schon mit einem Unfallwagen herumschlagen. Wir konnten es ihnen nicht verübeln.

»Lass uns noch ein letztes Mal in die Hauptstadt fahren, um die Autohändler abzuklappern. Der Höchstbietende soll Karla haben. Selbst wenn es nur ein Bruchteil dessen ist, was wir bezahlt haben«, schlug Nico vor.

»Einverstanden«, sagte ich. »Aber was machen wir, wenn keiner sie auch nur geschenkt haben will?«

»Dann lassen wir sie einfach am Straßenrand stehen. Ich habe keine Lust mehr.« Nico hatte die Verhandlungen geführt, und ihre Geduld neigte sich dem Ende entgegen. Wir buchten für die letzten Tage ein Hotelzimmer, das wir für moskitosicherer hielten. Nico war mittlerweile im vierten Monat schwanger, hatte vor Kurzem aufgehört zu surfen und machte sich nun auf zur letzten Mission unseres Aufenthalts. Drei Tage klapperte sie die Händler ab. Wieder wollte niemand Karla auch nur genauer ansehen.

Einen Tag vor dem Abflug kam sie jubelnd ins Hotel zurück.

»Ich fasse es nicht. Es hat geklappt! Auf dem Weg zum letzten Händler bin ich mit überhitztem Motor in der Hauptverkehrszeit mitten auf der verstopften Hauptstraße liegen geblieben. Ich dachte schon darüber nach, Karla einfach dampfend stehen zu lassen und mit dem Taxi zurückzukommen. Doch dann ist sie noch mal angesprungen. Der Händler hat kurz draufgeschaut und gesagt, er überlegt es sich. Ich meinte, es hieße jetzt oder nie, und plötzlich hat er ein Bündel Scheine gezückt und mich ausbezahlt. Und zwar fast annähernd so viel, wie ich ausgegeben habe. Ich kann es immer noch nicht fassen«, sprudelten die Sätze aus ihr heraus.

Nico hatte uns den allerletzten Klotz vom Bein geschafft. Während der letzten Wochen auf der Insel war unser hedonistisches Talent verpufft. Vielleicht hatten wir es aber auch bloß unserem ungeborenen Kind weitergegeben.

* * *

Yantis Zimmer hat sich mittlerweile gefüllt. Zwei weitere Kinder, beides Frühchen, liegen in ihren Brutkästen und schreien in regelmäßigen Abständen nach ihren Müttern. Manchmal erscheinen die Frauen, um sie zu beruhigen, manchmal nicht. Yanti scheint das alles nicht viel auszumachen. Sie hört gebannt zu, guckt, als würde sie darüber nachdenken, welches Leid den beiden widerfahren sein könnte, und wendet sich dann wieder, nachdem sie kein grobes Unrecht hat feststellen können, der Begutachtung ihres neuen Schnullers zu. Sie scheint über den Dingen zu schweben, wirkt beinah abgeklärt, aber nicht gleichgültig. Vielleicht hat sie die ersten Schlüsse aus ihrem jungen Leben noch vor ihrer Geburt ziehen können, als sie in Nicos Bauch durch die Großstadthitze Santo Domingos getragen wurde, auf der Suche nach einem Käufer für Karla. Vielleicht weiß sie auch, dass sie nicht nach ihrer Mutter schreien muss, da Nico immer da ist, Tag und Nacht an ihrer Seite sitzt.

ABENTEUER VOR DER HAUSTÜR

Berlin,
Sommer 2016

Dein Leben wird sich schlagartig ändern.«
»Nichts wird so sein, wie es einmal war.«
»Du wirst ein anderer Mensch sein, sobald du dein Kind das erste Mal im Arm hältst.«

Seit es kein Geheimnis mehr war, dass ich in kurzer Zeit dem Klub der Väter beitreten würde, konnte ich mich gut gemeinten Ratschlägen kaum noch entziehen. Ich ließ den Nonsens stoisch über mich ergehen, mit einem verständnisvollen Lächeln und der festen Absicht, keine Konsequenz daraus zu ziehen. Doch wie so oft in unsicheren, wenn in diesem Fall auch freudigen Zeiten spielte das Unterbewusstsein sein eigenes Konzert. Viele Weisheiten und Ratschläge verpufften, sobald sie ausgesprochen waren, doch ein bestimmter hielt sich hartnäckig und ließ mich nicht mehr los.

»Ein Kind braucht Stabilität und einen festen Tagesrhythmus. Das wirst du sehr bald merken. Die Sache mit dem Reisen geht dann nicht mehr einfach so.«

Solche Sätze bekam ich – in Variationen – gleich in der ersten Woche, nachdem wir erzählt hatten, dass wir Nachwuchs bekämen, von verschiedenen Vätern zu hören. Wenn es wirklich so sein sollte, musste ich mir schleunigst einen Plan zurechtlegen, wie ich mir eine Ersatzdroge beschaffen konnte. Ein Methadonprogramm für abenteuerlustige Familienväter. Das klang etwas traurig, doch zugleich war es eine Herausforderung.

Ich hatte von Alistair Humphreys, einem britischen Abenteurer, gehört, der sich eben dieses Unterfangen auf die Fahnen schrieb. Mal wanderte er eine Autobahn entlang, mal durchschwamm er einen nahe gelegenen Fluss oder packte seinen Schlafsack ein, um außerhalb der Stadt auf einer Wiese unter freiem Sternenhimmel zu kampieren und sich am nächsten Morgen – frisch wie der Morgentau, in dem er aufwachte – auf den Weg ins Büro zu machen.

War es tatsächlich möglich, »zu Hause« echte Abenteuer zu erleben? Konnte mir eine kurze Auszeit ein Gefühl bieten wie eine große Reise?

Der Trend hieß Mikroabenteuer und wurde bereitwillig von Lifestyle- und Reisemagazinen aufgegriffen.

Was sprach dagegen, es zu versuchen? Nico hatte bereits aufgehört zu arbeiten, und bis zur Geburt dauerte es noch ein paar Monate. Wie damals, als ich die Vorgaben der mittelalterlichen Walz variiert und grob befolgt hatte, wollte ich mich an gewisse Regeln halten:

1. Zeitrahmen: Ein Mikroabenteuer darf nicht länger als 3 Tage dauern. Die Aufgabe besteht darin, ein Abenteuer in den Alltagsrhythmus einzupassen. Ich wollte zeigen, dass in jedem von uns ein Abenteurer steckt und dass wir alle – ob Manager, Schüler oder Handwerker – uns jederzeit Auszeiten leisten konnten.

2. Keine digitalen Hilfsmittel: kein Smartphone und schon gar kein Laptop. Für die Dauer eines Mikroabenteuers ist das Internet tabu.
3. Klare Grenzen: »Vor der Haustür« ist kein dehnbarer Begriff. Ich würde das Bundesland Berlin / Brandenburg nicht verlassen.

Ich war skeptisch, aber voller Neugier. Sollte es wirklich so einfach sein, mit einem simplen Kniff das eigene Verlangen auszutricksen? Ein möglicher Erfolg erschien mir so unwahrscheinlich wie der Fund des heiligen Grals – und ebenso verlockend.

An einem Montagabend im Juli wagte ich den ersten Versuch. Eine wichtige Voraussetzung für abenteuerliche Erlebnisse bei meinen Mikroabenteuern würde der Verzicht auf Unterhaltungsmedien sein. Schließlich musste ich mich auf das Altbekannte einlassen, wenn ich es neu entdecken wollte. Für den Notfall hatte ich für ein paar Euro ein Handy erstanden, das gar nichts konnte außer telefonieren und SMS versenden. Das Abenteuer der Geburt meines Kindes wollte ich auf gar keinen Fall verpassen.

Ich packte einen Schlafsack, Kochgeschirr und Zutaten für eine Pasta in meinen Trekkingrucksack, füllte eine Flasche mit Wasser, nahm das neueste Buch von John Irving mit, das ich seit Monaten lesen wollte, und verließ die Wohnung und dann das Gebäude. Hinaus auf die Straße. Das schwere, hinter mir ins Schloss fallende Eingangstor markierte den Startschuss für das erste Abenteuer vor der Haustür.

Ich ging die wenigen Schritte in den nahe gelegenen Görlitzer Park, setzte mich auf eine Anhöhe, um den Sonnenuntergang hinter dem in der Ferne gelegenen Turm am Alexanderplatz genießen zu können, und fing an, Kirschtomaten für die Pastasoße zu schneiden. Es war ein lauer Sommerabend, und ich war nicht allein. Schüler und Studenten tranken Bier aus Flaschen, Rentner führten ihre Hunde aus, und irgendwo wurde Musik gemacht. Als ich die vorletzte Tomate zerteilen wollte, glitt die stumpfe Klinge an deren Haut ab und rutschte über das Schneidebrett, sodass die Tomatenhälften in hohem Bogen in die Luft katapultiert wurden und auf dem ausgetretenen, staubigen Parkboden landeten. Leise fluchend blickte ich mich um. Obwohl mein Missgeschick niemanden kümmerte, fühlte ich mich ausgesetzt; beobachtet.

Dieses Gefühl, ausgelöst durch fliegende Tomatenstücke, war ein erstes Indiz: Offenbar gab es einen gravierenden Unterschied zwischen der Art, wie ich ein Picknick in einem Park in einer indischen Großstadt erlebte, und wie ich es im Görli tat, bei uns gleich um die Ecke. Ich schämte mich. Was machte ich hier eigentlich in diesem künstlich erzeugten Szenario? Warum schnitt ich die Tomaten nicht in der eigenen Küche, so wie es unsere Nachbarn und die allermeisten anderen Berliner taten? Hier gehörte ich nicht hin – genauso wenig wie der Spirituskocher, der Schlafsack und das Kochgeschirr, die mich auf so vielen Reisen begleitet hatten.

In Indien wäre ich ohnehin Außenseiter gewesen und hätte mich erst gar nicht bemüht, in ein etwaiges Bild zu passen.

Einen Augenblick war ich versucht, alles wieder zusammenzupacken und den Weg zurück nach Hause anzutreten. Doch so leicht wollte ich nicht aufgeben – die Scham über einen frühzeitigen Ausstieg wäre anschließend noch viel größer. Also kredenzte ich mir die Nudeln in einer Knoblauch-Olivenöl-Soße.

Die Sonne war mittlerweile untergegangen, sodass ich den Abwasch unter dem Licht meiner Stirnlampe erledigte, meine Habseligkeiten wieder im Rucksack verstaute und zum eigentlichen Abenteuer übergehen wollte: dem forcierten Blickwechsel. Was ich unter anderem auf meinen Reisen gelernt hatte, war, dass vor allem das Hineinversetzen in anderer Menschen Situationen mir selbst immer wieder die Augen geöffnet hatte. Mit Menschen verschiedenster Kulturen hatte ich zusammen unter einem Dach gewohnt und das Leben dieser Leute für eine gewisse Zeitspanne mitgelebt. Hatte mit Muslimen in Ägypten gebetet, mit Kubanern die freie Meinungsäußerung zelebriert und mit Australiern die Nacht zum Tag gemacht. Vor einiger Zeit hatte ich versucht, Exemplare meines eigenen Buches für einen guten Zweck in der Berliner U-Bahn zu verkaufen. Den Erlös wollte ich für den Kältebus der Berliner Stadtmission spenden, die sich um Obdachlose in der kalten Jahreszeit kümmert – und nebenbei versuchen, zu erfahren, wie das ist, wenn man auf der anderen Seite steht. Nicht als Fahrgast, der genervt den Blick abwendet bei jeglichen Bittstellern, meist Obdachlose oder Drogenabhängige, sondern eben als jener Bittsteller. Natürlich kann ich bis zum heutigen Tag nicht nachvollziehen, wie es sich tatsächlich anfühlt, als Außenseiter behandelt zu werden, der in der U1 um eine Spende bittet. Ich wusste nicht, was es hieß, mit einem Stigma klarzukommen. Aber das Gefühl, das einen überkommt, wenn man von seinen Mitmenschen ignoriert wird, hatte ich zumindest im Ansatz erfahren. Niemand kaufte auch nur ein einziges Buch. Nicht mal eines Blickes war ich den Passagieren würdig. Ich fing vor Nervosität bald an zu schwitzen und begann wütend auf meine Mitmenschen zu werden, dann auf mich selbst, weil mein kläglicher Versuch an Peinlichkeit kaum zu überbieten war und weil auch ich mich in ähnlichen Situationen oft hatte hinreißen lassen, mein Gegenüber zu ignorieren. Auch wenn ich an diesem Tag keinen Erlös erwirtschaftete, wurde mir eines klar: Selbst wenn ich kein Geld verschenken kann oder möchte, ein wenig Aufmerksamkeit und ein Blick in die Augen des Menschen, der um seine Existenz kämpft, muss immer drin sein. Denn ein Leben zu führen, das nicht anerkannt wird, ist wie ein Tod, den man tagtäglich stirbt.

Wie schon damals in der U-Bahn, wollte ich auch diesmal die Blase platzen lassen, in der ich mich bewegte. Ich wollte die Nacht auf einer Parkbank verbringen, schräg gegenüber meinem Schlafzimmer, unterhalb der hochgesetzten Bahnschienen der U1. Und ich wusste auch schon, wo genau.

»Guten Abend«, sprach ich die Dame an, die ich seit Jahren flüchtig kannte und die Nico und ich auf den Namen »Deckenfrau« getauft hatten. Wie immer hatte sie sich von Kopf bis Fuß in bunte Flauschdecken gehüllt. Sogar um ihr verfilztes Haar hatte sie kunstvoll ein Tuch geschlungen.

Die Deckenfrau sprach dialektfreies Hochdeutsch, und sie hatte eine äußerst klare Aussprache. Nie sah ich sie trinken. Von den anderen Männern und Frauen, die auf der Straße lebten, hielt sie sich fern. Ab und an bat sie um Geld – immer auf eine freundlich-zurückhaltende Art, und ich gab ihr gerne etwas. Während unserer kurzen Gespräche hatte ich vergeblich versucht, etwas über ihre Geschichte zu erfahren. Stets war ich an ihrer Diskretion gescheitert.

»Ich bin nicht obdachlos«, hatte sie mir einmal anvertraut. »Nein, nein, ich bin Sozialarbeiterin. Ich bin nur hier, um auf die anderen aufzupassen.« Als ich nachfragte, wandte sie sich schon mit einem kleinen rätselhaften Lächeln ab.

Was sie sagte, war sicher nicht wahr, und doch ergab es Sinn für mich: Tatsächlich wirkte sie auf ihrer Bank genauso fremd wie ich auf meiner. Irgendetwas passte nicht. Vielleicht würde es mir heute Nacht gelingen, endlich mehr von ihr zu hören. Vielleicht würde ich Kontakt zu einer Welt aufbauen, die parallel zu meiner existierte. Das wäre wirklich und wahrhaftig ein Abenteuer.

Ich sagte also freundlich: »Guten Abend«, und die Deckenfrau nickte, ohne mich anzuschauen. Sie schnaubte lautstark durch die Nase, und ich sah, wie Sekret auf die Straße tropfte. Ich war enttäuscht. Hatte sie mich nicht erkannt oder absichtlich ignoriert?

Umgehend stand sie auf und entfernte sich schlurfend in Richtung des Kiezes, aus dem ich gerade gekommen war.

Einen Augenblick sah ich ihr nach. Dann begann ich meine eigene Bank für die Nacht herzurichten, rollte, nachdem ich sichergestellt hatte, dass sich kein Taubennest über meinem Kopf befand, meinen Schlafsack aus, band meinen Rucksack fest und legte mich hin. Anfangs erschien es mir gar nicht mal so unbequem, doch bald wechselte ich in immer kürzeren Abständen die Lage, weil die Latten mir gegen die Rippen oder das Steißbein drückten. Die Straßenlaternen schickten ihr unnatürliches Licht herunter, und sogar wenn ich die Augen schloss, gleißte es Gelb auf meiner Netzhaut.

Zwei Meter hinter der Bank verlief die Skalitzer Straße, eine Hauptstraße, die mehrere Bezirke Berlins miteinander verbindet und auch zu später Stunde stark befahren ist. Anstatt Schafe zu zählen, errechnete ich die Sekunden der Ampelphasen und die damit einhergehenden Herden an Kraftwagen, welche, je später es wurde, seltener kamen, aber schneller zu fahren schienen. Die Umgebungsgeräusche wurden immer lauter. Vielleicht waren es auch bloß meine Sinne, die sensibler wurden, auf Instinktmodus umschalteten. Wie sollte ich hier ein Auge zutun?

Die Mitternacht kam und ging, als wäre sie bloß ein weiterer Wegelagerer. Es war keine Nacht wie jede andere. Da ich keine Uhr mitgenommen hatte, leitete ich die Stunden am Glockenschlag der Kirchturmuhr am Lausitzer Platz ab. Als es zwei Uhr morgens schlug, schlich ein Mann an mir vorbei, der etwas auf

Arabisch flüsterte. Ich grub mich tiefer in meinen Schlafsack und hielt die Augen fest geschlossen. Mehr Menschen kamen, allesamt Männer islamischen Glaubens. Sie liefen alleine und in Zweiergruppen. Manche summten Melodien aus dem Morgenland, andere schienen gebetsartige Gespräche mit Gott zu führen. Ich schämte mich, als ich begriff, dass ich mich ängstigte. Die tiefen Männerstimmen waren mir unheimlich. Wovon sprachen diese Männer? Vielleicht überlegten sie gerade, was sie mit mir anfangen könnten. In meiner Lage war ich völlig wehrlos.

Es war heiß und stickig und staubig und laut, und es roch nach Exkrementen unterschiedlicher Halbwertszeit. Meine Schlafbank hätte genauso gut in einem heruntergekommenen Viertel einer arabischen Großstadt stehen können, nur wäre ich in diesem Fall vermutlich seelenruhig eingeschlafen.

Das Bewusstsein, wo ich war, half mir nicht, im Gegenteil. Hier, in der mir vertrauten Umgebung, glitt ich ängstlich immer tiefer in meinen Schlafsack.

Warum war ich in mir unbekannten Situationen so viel selbstsicherer als zu Hause, obwohl es genau umgekehrt hätte sein müssen? Ich konnte diesen Moment einfach nicht genießen, so wie es der Plan vorsah. Meine Wohnung, meine Habseligkeiten, jene Routinen, die ich in Berlin entwickelt hatte und denen ich nur zu gerne frönen würde, hielten mich davon ab, den Kopf auszuschalten. Eigentlich wäre ich lieber auf meiner Couch und würde eine Serie auf Netflix schauen. Und wenn ich schon hier draußen war, dann wenigstens mit einem internetfähigen Smartphone.

Wieso hatte ich diese Gedanken nicht, wenn ich bloß mit dem Nötigsten, das meine Grundbedürfnisse deckte, in die Fremde aufbrach? Auf Reisen war ich auch nicht ängstlich. Nicht mal, wenn es tatsächlich gefährlich wurde, hatte ich den Tod

HALLO, MEIN NAME IST YANTI,

BESSER BEKANNT UNTER MEINEM
SUPERHELDEN-PSEUDONYM „Q90" -
AUCH DOWN-SYNDROM GENANNT.

ZUSAMMEN MIT MEINEN PARTNERN
WANDERWOMAN UND JOURNEYMAN
- DIE ZUFÄLLIGERWEISE AUCH MEINE ELTERN SIND -
BEKÄMPFEN WIR ALS „CHROMOSOMEN CREW"
VORURTEILE, BIGOTTERIE UND SPIELVERDERBER.

MEINE GEHEIMWAFFE IST EIN UMWERFENDES LÄCHELN.
NEHMT EUCH IN ACHT, IHR BÖSEWICHTE!

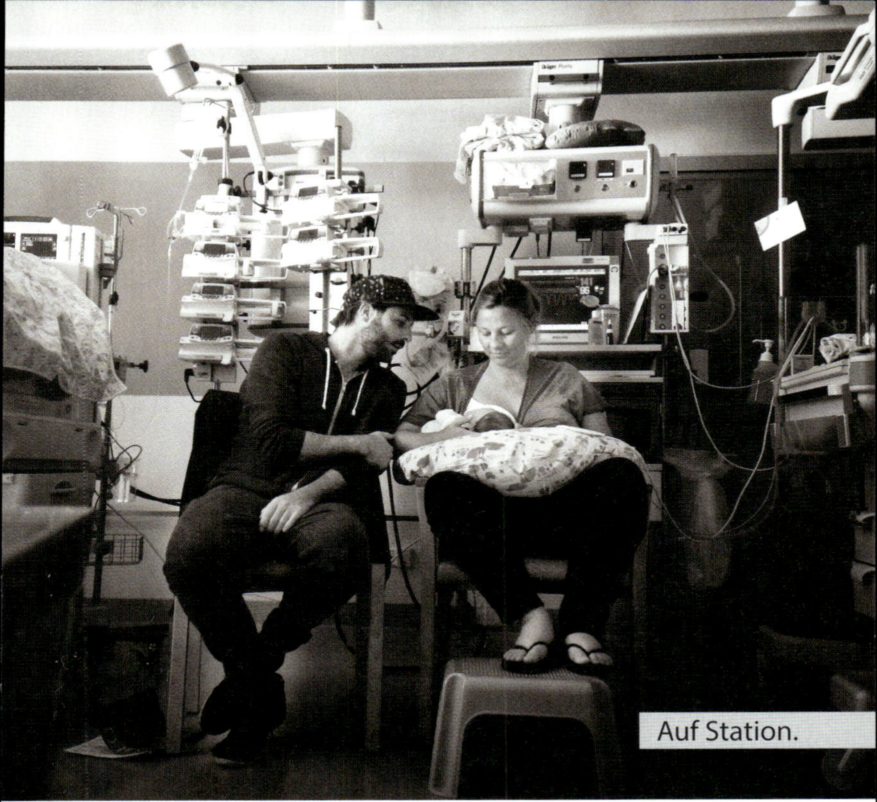

Auf Station.

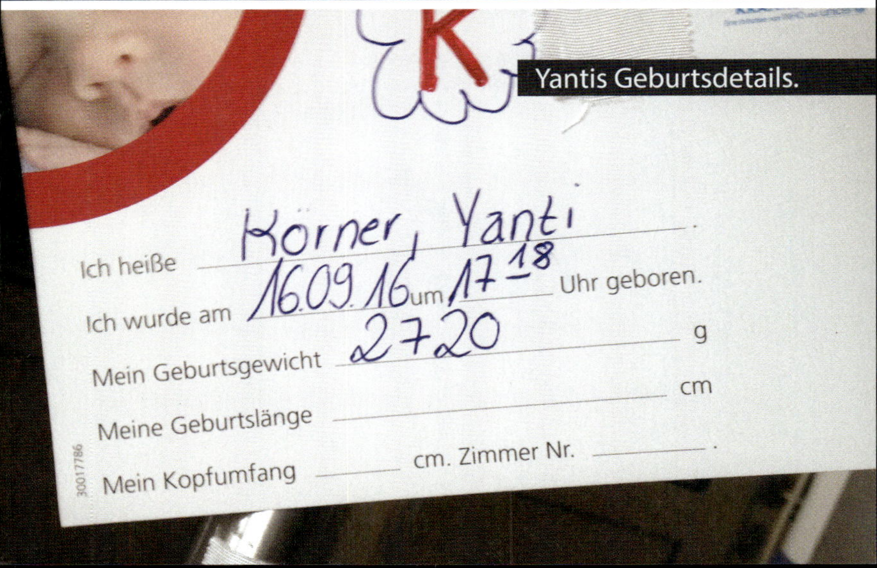

Yantis Geburtsdetails.

Ich heiße _Körner, Yanti_.

Ich wurde am _16.09.16_ um _17_ _18_ Uhr geboren.

Mein Geburtsgewicht _2720_ g

Meine Geburtslänge _____ cm

Mein Kopfumfang _____ cm. Zimmer Nr. _____.

30017786

Meine Schreibstätte in Emerald Hill.

Auf Schlingfallensuche mit Ray.

Freedom.

Unterkunft in den
Chimanimani Mountains.

Nico während einer Surfsession zum Sonnenaufgang.

Eine Zeremonie auf Bali.

Bolzplatz in Medewi.

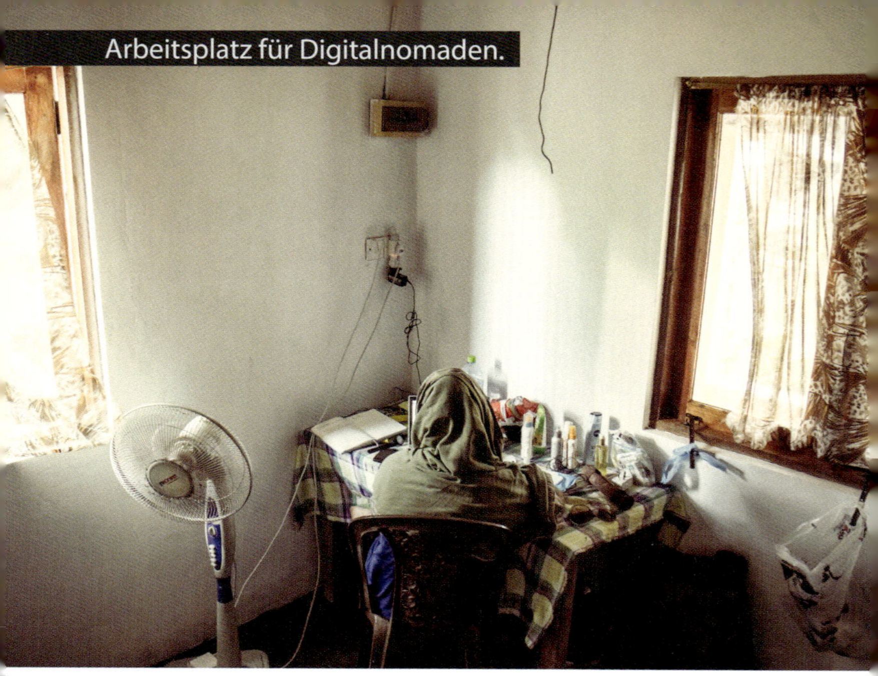

Arbeitsplatz für Digitalnomaden.

Anspruch ...

... und Wirklichkeit
der Mikroabenteuer.

Yanti die „Welt" zeigen.

Endlich zu Hause.

Und doch wieder ins Krankenhaus.

Die alte Eiche am Neujahrsmorgen.

Nico, Yanti und der Atlantik.

Konversation mit Mr. Hase.

Sommer in Kreuzberg.

Erster Roadtrip im Roten Baron.

Im Kornfeld.

Kinder baden und
Wellen beobachten.

Regentage in Laga.

Playa de Gerra.

Am Strand von Encuentro mit Mila, Capitan Peq und Nego.

Hängemattenalltag.

Erster Kitatag.

gefürchtet. Vielleicht, weil ich mich so glücklich und lebendig fühlte, dass mir sogar der Tod freundlich erschien.

Diese Gegend rund um das Schlesische Tor war mir so vertraut, dass ich sie unumwunden als mein Zuhause ansehen würde – mein Heim. Dennoch war mir das Vertraute in diesem Moment so unheimlich, wie es nicht einmal die Fremde schaffte. Es war die Angst, dass die mich umgebende heile Welt zerbrechen könnte – direkt vor meiner Haustür.

* * *

Es mutet heute tragisch an, wenn ich mir überlege, dass Yanti das größte aller Abenteuer sein wird. Nicht nur vor unserer Haustür, sondern überall, wo wir zusammen hingehen werden. Doch was kann ich als Vater dafür tun, dass sie nicht zu den Verlierern einer Gesellschaft gehört? Und was bedeutet das eigentlich: Verlierer der Gesellschaft? Ist die Deckenfrau auch eine Verliererin oder ein weiterer Bestandteil, der eine Gesellschaft ausmacht und stärkt?

Während ich sorgenvoll Szenarien für Yantis Zukunft durchgehe, ist sie auf meiner Brust eingeschlafen. Aneinandergekuschelt liegen wir im Kängurustuhl, einem Sessel mit tief liegender Rückenlehne und Beinstütze, der speziell dafür gedacht ist, die Bindung zwischen Vater und Kind zu stärken. Die Signale der Monitore wirken für kurze Zeit einmal nicht beunruhigend. In dieser Schlafphase sind sie gleichmäßig und in einem stabilen Bereich. Trotzdem erwische ich mich immer wieder dabei, wie ich die Lippen zusammenpresse und lausche, in ängstlicher Erwartung abfallender Sauerstoffwerte. Kann es vielleicht sogar eine Gesellschaft auf dieser Welt geben, in der Yanti zu den Gewinnern des Systems gehört? Kann sie etwas aus dem machen, was ich anfangs nur als Defizit begriffen habe? Mir fällt ein Satz ein, den einer meiner Professoren während des Studiums gesagt hat:

»Was du nicht verstecken kannst, das musst du explizit präsentieren.«

Auch wenn sich diese Aussage damals auf eine für unsere Ausstellungsplanung ungünstig gelegene Strebe bezog, hat sie mich beeindruckt und beeinflusst. Nein, verstecken werde ich meine Tochter nicht. Aber soll ich sie deswegen gleich präsentieren? Wie könnte das von Vorteil für sie sein? Ich würde sie zu gerne nach ihrer Einschätzung fragen, aber natürlich geht das nicht. Vielleicht wird es nie möglich sein. Plötzlich wirkt es unglaublich naiv, beinahe dummdreist, was wir alles in die ungeborene Yanti hineininterpretiert hatten. Wer sie einmal sein könnte und welche großartigen Dinge sie einmal tun würde. Aber vermutlich geht das allen Eltern so.

* * *

Ich schreckte auf. Hatte ich geträumt? Waren da wirklich Nachtschwärmer gewesen, und hatte ich diese Gedanken über Glück und Tod im Wachzustand gehabt oder war ich eingeschlafen? Ich lugte aus meinem Schlafsack und sah auf der gegenüberliegenden Bank die Deckenfrau kauern. Sie hatte sich wohl schon lange an den Lärm und die Lichter gewöhnt. Ob sie sich nachts manchmal fürchtete? Oder hatte die Vorstellung, diese Nacht könnte die letzte sein, nichts Erschreckendes mehr für sie? Das dunkle Blau des Himmels setzte sich gegen die gelben Straßenleuchten ab, und der Verkehr war abgebrochen. Es herrschte tatsächlich Stille in den Straßen der Hauptstadt. Ich pellte mir den Schlafsack vom verschwitzten Körper und setzte mich auf. Meine Schuhe standen noch dort, wo ich sie platziert hatte, auch der Rucksack lehnte weiterhin an der Bank. Mein Kopf dröhnte, mein Nacken schmerzte und mein Steißbein schien erleichtert zu jauchzen, als ich aufstand und meinen Körper streckte. Die

Deckenfrau zuckte kurz zusammen, grunzte, blieb ihrer Position aber treu. Ich setzte mich wieder, schlug die Beine übereinander und sog einen tiefen Atemzug frühmorgendlicher Stadtluft ein. Ein Zeitungsausfahrer im Rentenalter, mit ergrautem Haar und dichtem Vollbart und einem quietschenden Fahrradanhänger, fuhr gemächlich zwischen mir und der Deckenfrau vorbei.

»Moin«, grüßte ich zerzaust von meiner Bank.

»Moin«, grüßte der alte Mann freundlich zurück und hob zusätzlich die Hand, als er schon vorüber war.

Und was kam jetzt? Ich hatte versäumt, mir Gedanken darüber zu machen, was am Ende eines solchen Kurzausflugs anstand.

Vielleicht war das ein Grund für meine Unzufriedenheit. Das Ende des Mikroabenteuers stand dem Anfang zeitlich so nah, dass die Erlebnisse, die dazwischenlagen, nie in jenem Zustand münden könnten, in dem man sich einfach treiben ließ, vollkommen losgelöst von allem, was im Alltag wichtig war. Dieser Flow, der nach einiger Zeit auf Reisen einsetzt, einen ganz selbstverständlich von einem Moment zum anderen trägt, war ausgeblieben. Ich hatte gehofft, mit neuen Eindrücken nach Hause zu kommen, voller Elan die Haustür aufzuschließen und Nico zu erzählen, was ich alles erlebt hatte. Doch da war nichts außer einem alles überlagernden dumpfen Dröhnen unter meiner Schädeldecke. Die Deckenfrau hatte ganz recht gehabt. Ich war nicht mal ein Gast in ihrer Welt gewesen. Ich war nur ein Typ, der ausnahmsweise auf einer Parkbank schlief und sich dabei wie ein Kind zu Tode ängstigte.

War die Idee nicht ausgereift gewesen? Hatte ich kein gutes Mikroabenteuer-Konzept entwickelt?

Ich würde schon noch dahinterkommen, dachte ich, nachdem ich meine Sachen zusammengepackt hatte und die leer gefegte Straße entlanglief. Ich öffnete die Tür unserer Wohnung und entledigte mich meines Rucksacks, drehte den Duschhahn auf, schaltete das Radio ein.

»Guten Morgen und ein herzliches Eid Mubarak allen Berlinern muslimischen Glaubens. Bitte umfahren Sie den Bereich der DITIB-Şehitlik-Moschee am Columbiadamm in Neukölln weiträumig, da zum Fastenbrechen seit Sonnenaufgang schon mit Stau zu rechnen ist«, sagte die Moderatorin.

Es war also kein Traum gewesen. Die Stimmen, die mir Angst gemacht hatten, gehörten Gläubigen, die einen Monat lang gefastet hatten und sich magenknurrend die Zeit bis zum Sonnenaufgang vertrieben, bis die Feierlichkeiten des größten muslimischen Fests begannen. Ich kannte die muslimische Tradition, hatte ich doch schon häufiger die Zeit des Ramadan auf islamischem Boden verbracht. In Malaysia oder Ägypten ergab das alles einen Sinn. Was mich jedoch aus dem Konzept brachte, war, diese Tradition auf dem Boden meiner christlichen Sozialisierung zu erleben. Es hatte mir Angst gemacht. Und ich fühlte mich schlecht deswegen. Körper wie Geist waren nicht wie erhofft taufrisch, sondern abgenutzt wie die Bank, auf der ich die vergangenen Stunden gelegen hatte. Mein Gewissen war angeknackst. Erneut hatte ich mich in meinen Vorurteilen selbst enttarnt. Insofern hatte das erste Mikroabenteuer doch noch einen kleinen Nebeneffekt erzielt.

Vielleicht brauchte ich bloß einen Begleiter, bestenfalls jemanden, dem diese mir so vertraute Gegend fremd war. Ich ergriff die Gelegenheit, als mich Daniel aus den Vereinigten Staaten besuchte. Zusammen hatten wir schon auf Kuba eindringliche Erfahrungen gemacht. Gute Vorzeichen dafür, dass es beim zweiten Versuch, ein Abenteuer vor der Haustür zu erleben, anders werden würde.

»Also, hier ist der Plan«, begann ich zu erklären. »Wir machen einen Screenshot von einem Gebiet auf Google Maps. Mittig liegt unser Startpunkt. Dann richte ich diesen Screenshot als Startbildschirm auf meinem Smartphone ein, und du änderst meinen Zugangscode, damit wir keine Möglichkeit haben, mal eben online nachzuschauen, wo wir uns befinden.«

»Und dann? Was machen wir mit der Karte?«, fragte Daniel.

»Dann versuchen wir, genau am Rand entlangzulaufen. Einmal ringsum und wieder zurück zur Mitte, unserem Startpunkt. Ich lasse einen GPS-Tracker laufen, den wir später am Computer über die Karte legen können, um zu sehen, ob wir den Weg einigermaßen eingehalten haben. Google gibt uns einen Fußweg von etwas mehr als sechs Stunden vor, aber ich würde eher auf acht Stunden tippen.«

»Sehr gut. Wenn wir es schaffen, in einer Stunde loszulaufen, sind wir spätestens um zehn Uhr abends zurück.« Daniel schaute auf die Uhr. »Alles klar, lass uns ein paar Sachen packen und dann los!«, sagte er voller Tatendrang.

Der Augenblick hatte alles, was man brauchte, damit aus einer fixen Idee ein Abenteuer würde. Gleich am Anfang überkam mich der Übermut. Am sowjetischen Ehrendenkmal im Plänterwald sprang ich von einer Anhöhe, verknackste mir den Fuß und musste den Weg humpelnd fortsetzen. Wir hatten gerade die Grenze zu Neukölln überquert, als ein Gewitter losbrach, wie ich es in Berlin noch nie erlebt hatte. Blitze zuckten in nächster Nähe, die Straßen schwollen zu Bächen und bald zu Flüssen an. Zusammen mit anderen Flutopfern harrten wir eine Stunde lang unter einer Eisenbahnbrücke aus und betrachteten ehrfürchtig das Naturschauspiel, während das Wasser langsam von Knöchel- auf Kniehöhe anstieg. Wenige Minuten vor Ladenschluss ergatterte ich eine Packung Blasenpflaster, die mir das Laufen mit meinem angeschwollenen Fuß im nassen Schuh erleichtern sollten, bloß um festzustellen, dass es Hornhautpflaster waren, als die Geschäfte schon geschlossen hatten. Wir fragten uns den Weg entlang des Kartenrandes und ernteten Kopfschütteln von Dönerbudenbetreibern und Spielhallenbesitzern.

»Das ist sehr weit. Nehmt am besten ein Taxi«, war der heißeste Tipp an diesem Tag. Als wir das Tempelhofer Feld hinter uns gelassen und die magische Grenze von sechs Stunden überschritten hatten, suchten wir verzweifelt nach einem direkten Weg zum Alexanderplatz, der in etwa die Hälfte der Gesamtstrecke markierte. Wie war es möglich, sich im Bezirk Mitte zu verlaufen? Wir waren so sehr daran gewöhnt, mit gesenktem Kopf einer sich automatisch ausrichtenden Pixelnadel zu folgen, dass wir plötzlich vor großen Problemen standen, den Sockel des Fernsehturms ausschließlich über analoge Fähigkeiten zu finden, obwohl wir ständig seine Spitze sahen.

Das erste Mal erwogen wir einen Abbruch der Tortur, als wir über die schmerzbringenden Pflastersteine vorbei am Fernsehturm eierten. Der bloße Gedanke daran war uns jedoch so peinlich, nachdem wir im Nordosten Kubas ohne Kompass oder Ausrüstung durch Höhlen gekrochen und entlang hoher Schluchten geklettert waren, dass wir ihn wieder verwarfen und unseren Weg durch die inzwischen dunklen Gassen fortsetzten.

»Wieso sind wir so unfähig, uns auf unsere Heimat einzulassen und dabei unvoreingenommen gegenüber Neuem zu sein?«, fragte ich Daniel keuchend.

Er zuckte mit den Schultern. »Für mich ist das hier anders als für dich. Aber ich weiß, was du meinst. Würde ich diese Tour in New York machen, würde mir auch die Neugier fehlen. Mir geht einfach die Fähigkeit ab, mich selbst zu bescheißen. Mir einzureden, jeden Moment könnte etwas Unvorhergesehenes passieren. Unmöglich, dass mich jemand auf der Straße anspricht und zu sich nach Hause einlädt. Auf Reisen wäre das nichts Ungewöhnliches.«

»Das denke ich auch. Und ich schätze, dass man mir die Haltung ansieht. Wenn ich mit einem Rucksack durch Kolumbien irre, bewege ich mich anders, achte auf Details, bin offener im Blick und in der Körperhaltung, wirke mitunter verloren. Wenn ich ehrlich bin, würde ich mich selbst hier in Berlin auch nicht ansprechen.«

»Ich glaube, so was lässt sich einfach nicht simulieren. Diese Begeisterung, wenn man etwas zum ersten Mal erlebt. Als Erwachsener kennst du das alles schon. Und früher, als wir noch nicht wussten, was Alltagsleben ist, hätten wir so ein Mikroabenteuer nicht gebraucht. Da war im Grunde alles noch ein Abenteuer.«

Ich schaute an mir herunter und dachte nach über die Zeit, als die Straße, in der ich wohnte, täglich neue Abenteuer bereithielt und der angrenzende Wald eine eigene Welt versprach. Was darüber hinaus auf diesem Planeten zu entdecken war, sprengte als Kind meine Vorstellungskraft.

»Früher, als unsere Hosen an den Knien zerschlissen waren, weil wir ständig unter Zäunen durchrobbten.« Ich blieb stehen und drehte mich so, dass Daniel meine Hüfttasche sah. »Heute sind sie an der Hosentasche zerschlissen. Da, wo das Smartphone sitzt.« Ich lachte.

Doch war ich nach diesem Gespräch auch niedergeschlagen. Ohne es zu merken, hatte ich die Fähigkeit verloren, für Alltägliches Begeisterung zu empfinden. Ich war sogar so erwachsen, dass ich mich nicht mal mehr selbst hinters Licht führen konnte.

In Friedrichshain ging es endgültig bergab. Mir war nach neun Stunden selbst der Galgenhumor vergangen, während ich mich stur darauf konzentrierte, einen Fuß vor den anderen zu setzen. Mein Körper lief nicht mehr rund. Wie ein Rekonvaleszent, der nach Wochen aus dem Bett aufstand, musste ich mich auf jede einzelne Gelenk- und Muskelfunktion konzentrieren. Ferse hoch, dann über Fußballen und Zehen abrollen, Knie anwinkeln, Hüfte nach vorne schieben, Knie wieder lösen und Fuß über Ferse und Fußballen aufsetzen. Linkes Bein, rechtes Bein. Ich ging gebückt und sackte immer tiefer in die Hocke. Dass es überhaupt möglich war, sich auf diese Weise fortzubewegen, war ein Affront gegen die allgemeinen Gesetze der Physik.

»Egal was passiert, ich werde in kein Taxi steigen«, gab ich Daniel zu verstehen, dem langsam die Sorge über meinen Zustand anzumerken war. »Eher lege ich mich in irgendeinen Hauseingang schlafen und laufe morgen weiter, als jetzt noch abzubrechen. Ansonsten wäre die ganze Qual umsonst gewesen.«

Wir einigten uns darauf, die Strecke abzukürzen, und ließen die nordöstliche Ecke des Bildschirms, in dem sich Lichtenberg befand, unbewandert.

Wie der Glöckner von Notre Dame überquerte ich die Oberbaumbrücke zurück nach Kreuzberg und fiel dabei überhaupt nicht auf. Es waren noch zahlreiche andere Glöckner unterwegs, wie immer um diese Zeit an einem sommerlichen Abend auf der Berliner Partymeile. Wir durchquerten meinen Kiez, vorbei am Späti und dem Schreibwarenladen, dem Nussröster und der Punkrock-Kneipe, und ich fühlte mich zu Hause. Mittlerweile war es vier Uhr morgens, und Daniel lief, wenn auch aufrecht, genauso in sich gekehrt und ergriffen neben mir her. Alle Geschäfte hatten geschlossen. Mein Sprunggelenk war dick geschwollen, und eine Hautblase bedeckte meine ganze Fußsohle. Sogar unter einem Zehennagel am linken Fuß hatte sich eine Blase gebildet, sodass der Nagel senkrecht nach oben stand und mit Sicherheit in ein paar Wochen ausfallen würde. Wir hatten vierunddreißig Komma neun Kilometer zurückgelegt. Ich hatte einen Kampf gegen meinen inneren Schweinehund geführt und mit minimalen Tricks gewonnen. Gebückt und gebeutelt, aber stolz erhobenen Hauptes ging ich an den letzten betrunkenen Feiertouristen und Drogendealern vorbei. Selten war ich so froh gewesen, hier anzukommen, wie in diesem Moment. Mit einer langen Umarmung verabschiedete ich mich von Daniel und spürte an seinen erschlafften Schultern, dass auch er tiefe Erleichterung empfand. Und dennoch. Als ich zu Hause ankam, mich meiner Kleidung entledigt hatte und neben Nico ins Bett kroch, fehlte etwas. Was hinderte mich daran, diesen Gewaltmarsch als möglichen Ausweg aus dem Alltagsleben anzusehen, das mich in seiner Eintönigkeit so sehr einengte?

* * *

Für meine Routinen empfinde ich seit jeher eine Hassliebe. Einerseits gibt es nichts Schöneres, als den morgendlichen Kaffee zu genießen, egal auf welchem Kontinent und in welcher Zeitzone. Andererseits mache ich es mir mit lieb gewonnener Routine meist zu gemütlich und halte mich davon ab, neue Dinge auszuprobieren – besondere, einzigartige Dinge, an die ich mich bis an das Ende meines Lebens erinnern kann. Es war schon so weit gekommen, dass ich ein Kurzabenteuer vor der Haustür als einen Schwindel ansah, mich dem Abenteuer verwehrte und stattdessen lieber auf der Couch liegen wollte. Um meine Lebensgeister zu wecken, braucht es mehr. Ein Erdbeben, etwas, das meine Grundfeste zum Wanken bringt – dann kam Yanti, und all diese Gedanken verpufften.

An Tag 4 im Leben meiner Tochter begreife ich endlich, wozu Routinen gut sind. Mit zwei Bechern heißen Automatenmoccacinos betrete ich das Zimmer von Yanti, die gerade an Nicos Brust liegt und ihrer eigenen kleinen Routine frönt.

»Oh yes, Kaffee«, jauchzt Nico.

Als hätte auch sie meine Ankunft bemerkt, hebt Yanti kurz die Hand zur Begrüßung und vergräbt sie danach wieder unter Nicos Hemd, ohne von ihrer Mahlzeit abzulassen.

Zu dritt sitzen wir am Fenster, trinken Kaffee (beziehungsweise Muttermilch) und haben einen kurzen, ganz normalen Familienmoment – als würden wir zusammen am sonntäglichen, mit frischen Brötchen und Marmelade gedeckten Frühstückstisch sitzen. Genau dafür waren sie da, die Routinen. Um in Momenten des Chaos den Überblick nicht zu verlieren. Wenn einem der Boden unter den Füßen weggezogen wird, hat man immerhin noch einen Kaffee in der Hand, an dem man sich festhalten kann.

Ich habe das Gefühl, dass die Geburt von Yanti nicht der letzte Moment in meinem Leben gewesen sein wird, in dem ich einen Kaffee benötige. Und irgendwie beruhigt mich das auch, denn es wirkt der großen Angst vor dem Stillstand entgegen.

* * *

Eine Woche später lieh ich mir ein Gummiboot, um erneut einen Versuch zu starten, eine gewöhnliche Nacht zu einer aufregenden zu machen. Die Sonne ging bereits unter, als ich das Boot am Stadtrand in den Britzer Zweigkanal gleiten ließ. Bis zum Sonnenaufgang würde ich mich einfach treiben lassen. Mit einem kräftigen Stoß legte ich vom Ufer ab. Da ich nur eines der beiden Paddel in der Bootsverpackung gefunden hatte, kniete ich auf dem luftgefüllten Gummiboden und stach mich mit dem Paddel wie in einem Kanu vorwärts zur Kanalmitte, sodass ich zu beiden Ufern eine ungefähre Entfernung von fünfzehn Metern hatte. Dann legte ich das Paddel beiseite, platzierte meinen Schlafsack am vorderen Ende des Bootes und legte mich mit dem Kopf darauf, sodass ich knapp über den Bootsrand sehen konnte, wenn ich hin und wieder meinen Blick vom Himmel abwandte, der stetig an Helligkeit einbüßte. Mein Gummigefährt drehte sich dabei um die eigene Achse, trieb je nach Schleusenöffnung mal zur nahe gelegenen Spree, mal in Richtung der Mündung zum Neuköllner Schifffahrtskanal. Bis auf die nahe gelegene Brücke der S-Bahn deutete nichts darauf hin, dass ich mich noch innerhalb der Stadtgrenzen befand. Die Ufer waren dicht bewachsen und der Kanal in eine metertiefe Böschung eingelassen, sodass ich keine Häuser, Autos oder Menschen zu Gesicht bekam. Ich befand mich an einem Ort, der genauso gut im tiefsten Brandenburg hätte liegen können. Zur Nachtruhe landende Wasservögel, Nagetiere, die das Gestrüpp am Ufer absuchten, und Weißfische, die sich an diesem lauen Spätsommerabend die Insekten mit einem schmatzenden Geräusch von der Wasseroberfläche sogen, ließen mich abtauchen in eine andere Welt.

Dann nahm das Boot plötzlich Geschwindigkeit auf, und ein anderes Geräusch mischte sich in die natürlichen. Ein Transportschiff kam auf mich zu und sog mein Gummiboot gleichzeitig an, sodass wir uns mit hoher Geschwindigkeit aufeinander zubewegten. Es war mittlerweile so dunkel, dass mich der Kapitän des Transportschiffs wohl nicht erkannte und weiter mit Vollgas auf mich zusteuerte. Hektisch kramte ich in meinem Rucksack nach der Stirnlampe, um ihm ein Zeichen geben zu können. Aber es war zu dunkel, um irgendetwas darin zu erkennen, und erfühlen ließ sich nichts. Mein Smartphone hatte ich nach besagter Regel auch nicht bei mir, sodass ich tatsächlich ganz ohne Leuchtmittel war. Gut geplant war das nicht, aber vielleicht würde gerade das den Unterschied ausmachen. Ich ließ vom Rucksack ab, warf mich zum Heck des Bootes und bekam das Paddel zu fassen. Stach tief damit ins Wasser und paddelte los – mit dem Effekt, dass ich mich nur noch schneller um die eigene Achse drehte. Ich wechselte die Bootsseite, vollführte einen Paddelzug, wechselte erneut und stach das Paddel für einen tiefen Zug ins Wasser. Endlich bewegte ich mich Richtung Ufer, wenn auch immer noch in Richtung Transportschiff. Der Sog wurde immer stärker. Kurz bevor die Stahlwand mich erreichte, ertönte ein lautes Signalhorn. Jetzt hatte mich der Kapitän also auch endlich entdeckt. Knapp rauschte das Schiff an mir vorbei. Die Heckwelle versetzte mir einen heftigen Stoß, der mich fast aus dem Gleichgewicht brachte und mein kleines Boot gegen die Uferböschung schleuderte. Mein Herz raste. Ich klammerte mich an die Betonpfeiler der Uferbegrenzung, bis ich die Fassung wiedererlangte. Wahnsinnsdummheit, dachte ich mir, ohne Beleuchtung auf einem vielbefahrenen Transportweg zu treiben. Vielleicht sollte ich als nächstes Abenteuer auf der Autobahn zelten …

Ich band das Gummiboot mit einem Seil an einen Ast, der ins Wasser ragte, sodass mein Boot nicht mehr als ein paar Meter zur Kanalmitte abdriften konnte. Als ich mich beruhigt hatte, legte ich mich wieder hin. Wolken waren mittlerweile aufgezogen und versperrten die Sicht auf einen spärlichen, lichtverschmutzten Sternenhimmel. Es begann die Zeit der Nachtschwärmer. Keine Bar- oder Clubbesucher, sondern Tiere auf Beutezug. Kanalratten flitzten am Heck des Bootes vorbei und reckten immer wieder ihre kleinen Nasen über Bord, in der Hoffnung auf einen unverhofften Snack. Sie behielten allerdings den Anstand, mein Wasserbett nicht ungebeten zu entern. Ich hörte Käfer krabbeln, Mücken surren und sah nach vielen Jahren erstmals wieder Glühwürmchen in Deutschland. Die Mitglieder einer Entenfamilie hatten nur wenige Meter von mir entfernt ihre Köpfe zum Schlaf im Gefieder vergraben. Dann raschelte es laut. Es kam von der Böschung und bewegte sich auf mich zu. Ich sah, wie sich hier, dann dort ein Blatt bewegte, das den Schein einer Straßenlaterne auffing. Doch es war vor allem das Geräusch, das die Bewegung beschrieb – langsam, aber stetig auf mich zukommend. Eine schleichende Bewegung, aber ich hatte nicht das Gefühl, als wollte sich das Tier vor mir verstecken. Würde mich gleich ein tollwütiger Straßenhund attackieren? Aber es gab doch gar keine Straßenhunde in Berlin. Dafür aber Wildschweine. Und Füchse.

Und so einer stand auf einmal direkt vor mir. Ein ausgewachsener Rotfuchs. Keine zwei Meter von meinem Gesicht entfernt. Würde er mich erkennen? Hatten Füchse ein gutes Sehvermögen? Wusste ich überhaupt irgendetwas über unsere heimische Flora, Fauna und Schifffahrtsgesetze? Der Fuchs schnupperte in meine Richtung. Schaute dann Richtung Entenfamilie. Drehte sich erneut zu mir, schnupperte, drehte ab und verschwand in die Richtung, aus der er gekommen war.

Eine halbe Stunde später erschien er erneut und schnupperte. Diesmal schnupperte er sogar direkt am Bootsrand, wo meine Füße lagen, verschwand wieder und tauchte kurze Zeit später wieder auf. Ich verbrachte die Nacht in lauernder Warnhaltung, still, leise und hellwach. Einmal versuchte ich ihn mit Zischlauten zu verscheuchen. Doch er kam wieder. Ein anderes Mal wollte ich ihn mit einem Stück Waffel als Friedensangebot anlocken. Vielleicht würden wir noch Freunde werden in dieser Nacht. Doch auch daraus wurde nichts. Der Fuchs blieb distanziert. Aber er blieb – bis zum Morgengrauen. Dann fing es an zu regnen. Zuerst nieselte es nur und war erfrischend. Doch mit der erneuten Öffnung der Schleuse und dem einsetzenden Güterverkehr wurde der Regen so stark, dass ich mich entschloss, das Abenteuer als beendet zu erklären.

»Wie war es diesmal?«, fragte Nico, die sich hochschwanger aus unserem Bett hievte, als ich in meinen durchnässten Klamotten unser Schlafzimmer betrat. Rotäugig blickte ich in ihr ausgeruhtes Gesicht.

»Ich muss mich erst mal hinlegen, wenn ich den Tag nicht komplett abschreiben will.«

»Och Mensch, war es wieder nicht wie erhofft?«, erkundigte sie sich mitfühlend.

»Na ja, es war schon irgendwie aufregend. Aber wenn ich mir vorstelle, dass ich auf einer Parkbank schlafe oder in einem Gummiboot oder mir die Füße wund laufe, während du mit unserem Kind hier zu Hause sitzt, dann habe ich kein gutes Gefühl. Wir haben die letzten vier Jahre so viele Reisen gemeinsam erlebt, dass ich es merkwürdig finde, das alles jetzt ohne dich zu machen.« Erst, indem ich es aussprach, wurde mir bewusst, woran es mir bei meinen Kurztrips mangelte.

Ich versuchte jemand zu sein, der ich vor Jahren gewesen war. Doch mittlerweile war ich ihm entwachsen, dem einstigen *Journeyman*. Die Kurzabenteuer waren künstlich, in jeglicher Hinsicht. Nicht nur, dass die Ausflüge kein adäquater Ersatz für das tatsächliche Reisen waren, keine vergleichbare Stimmung hervorriefen und kein Gefühl von Leichtigkeit vermittelten. Vor allen Dingen griffen sie auf vergangene Zeiten zurück. Nicht der Britzer Zweigkanal war das Problem, auch nicht Berlin als Stadt, die Parkbank vor meiner Haustür und schon gar nicht die Deckenfrau. Ich selbst war das Problem. Weil ich mich an etwas klammerte, was ich schon längst hinter mir gelassen hatte.

»Ich kann dich beruhigen«, sagte Nico, während sie ihren Bauch abstützte, um den Rücken zu entlasten. Bis zum Geburtstermin waren es nur noch zwei Wochen. »Ich habe nicht vor, sesshaft zu werden. Du weißt doch, dass es mir ähnlich wie dir ergeht. Du weißt, wie süchtig ich danach bin, fremde Länder zu erkunden und neue Wellen zu entdecken. Am liebsten mit dir. Ja natürlich, ein Kind braucht Stabilität. Aber das bedeutet nicht, dass wir deswegen für immer hierbleiben müssen. Meine Füße fangen doch auch schon wieder an zu kribbeln, und das liegt nicht nur daran, dass sie zwanzig Kilo mehr tragen als üblich.«

Ich schaute sie an und dachte an Simbabwe und Indonesien, Sri Lanka, Mosambik, Myanmar, die Dominikanische Republik und all die anderen Länder, die wir in den vergangenen Jahren gemeinsam besucht hatten. Die Vorstellung, diese Reisen jetzt wieder allein zu machen, kam mir wie ein Rückschritt vor.

Das Wichtigste sind die Menschen, die uns begleiten. Diese Erkenntnis war mir doch schon vor Jahren gekommen. Einer dieser Menschen stand vor mir, und ein weiterer würde bald hinzukommen. Ein Wochenende allein im Wald bot vielleicht Abwechslung. Ein Familienleben auf Reisen, angefüllt mit täglich neuen Eindrücken, würde es nicht übertreffen können.

III

EIN SPEZIELLES
MÄDCHEN

DREI WOCHEN FÜR
EIN NEUES LEBEN

Berlin,
September 2016

Meine Gedanken in der ersten Nacht nach Yantis Geburt waren extrem düster. Mich mit dem Tod meiner Tochter abzufinden, während sie nebenan um Luft rang, war zynisch und selbstgerecht. Dabei bestand meine Aufgabe doch vor allem darin, für sie und mit ihr zu kämpfen, alles dafür zu tun, dass wir noch viele gemeinsame Tage haben würden …

Yanti wurde im Krankenhaus auf Herz und Nieren geprüft, wobei vor allem das Herz von Interesse schien. Innerhalb ihrer ersten zwei Lebenstage wurde es mehrmals per Ultraschall untersucht. Die Spezialisten kamen und gingen, die Nachtpfleger übergaben an die Tagespfleger und diese wieder an die Nachtpfleger. Die Gesichter des Personals wechselten alle sechs Stunden, nur die Arbeitskleidung blieb gleich, genau wie der Wissensstand über die Gesundheit unserer Tochter.

»Wir hatten ja schon angemerkt, dass der Verdacht auf Downsyndrom besteht«, erklärte uns der Arzt in der nächsten Besprechung. »Sie hat nicht alle Anzeichen dafür, und sicher sein können auch wir uns nicht. Viele Neugeborene sehen erst mal anders aus als erwartet. Oftmals verwachsen sich die Anzeichen auch mit der Zeit. Gerade, wenn ein Elternteil asiatische Wurzeln hat, weiß man nie.«

In diesem Moment war mir nicht bewusst, wie unpassend seine Bemerkung war. Nicht nur griff sie den alten rassistischen Ansatz des »Mongolismus« auf, sondern implizierte auch, Nico habe womöglich eine Affäre oder einen One-Night-Stand mit einem Asiaten gehabt. Und das auch noch in der Weihnachtszeit des vergangenen Jahres, während wir unsere Familien besuchten. Dennoch nickten wir beide verständnisvoll.

»Um sicher zu sein, kann man einen Chromosomentest machen lassen. Das Ergebnis würde auch Aufschluss über ihren Gesundheitszustand geben. Einen solchen Test veranlassen wir aber nur, wenn Sie als Eltern dazu die Einwilligung geben.« Ohne zu zögern willigten wir ein. Zumindest die nagende Ungewissheit wollten wir uns ersparen.

Was ist es eigentlich genau, das mich ins Tal der Trauer gestoßen hat? Meine Tochter hat Probleme mit der Atmung und daher eine Sauerstoffunterversorgung, aber nach Ärztemeinung ist das keine Seltenheit. Es ist auch nicht die Aussicht, dass wir unsere Unabhängigkeit einbüßen – geht das nicht allen Eltern so? Die Sorge um Yanti lässt mich in Momenten der Müdigkeit und Kraftlosigkeit hin und wieder in die Lethargie abgleiten. Aber sogar dann ist mir bewusst, dass die Probleme temporär sind. Die dunklen Wolken werden irgendwann vorüberziehen und Licht hereinlassen, sobald Diagnosen gestellt und helfende Therapien veranlasst sind. Unerträglich aber ist das Mitleid. Ich will niemandem leidtun, vor allem nicht, weil meine Tochter anders ist.

»Das tut mir so leid. Ich denke ganz fest an Euch«, las ich die Nachricht von einem Bekannten auf meinem Smartphone. Dieser und artverwandte Sätze schließen sich wie Nadelstiche zu einem Generalschmerz zusammen, der sich nicht ausblenden lassen will.

»Das wünscht man ja niemandem«, sagt ein Arzt mitfühlend. Nicht mal deinem ärgsten Feind?, ergänze ich streitlustig in Gedanken. Wir haben nun also laut gängiger Meinung eine Bürde zu tragen, die ein wünschenswertes Leben ausschließt. Obwohl ich mir sicher bin, dass dies nur unbeholfene Versuche der Unterstützung sind, sagen solche Sätze viel darüber aus, was uns erwartet. Das Problem wird nicht Yanti sein, sondern die Ablehnung der Gesellschaft ihr gegenüber. Diagnose: Ausgrenzung durch Ignoranz und Unbeholfenheit. Wie geht man mit einem Behinderten um? Bevor ich etwas falsch mache, mache ich lieber gar nichts.

Ich kann mich in dieser Denkweise ironischerweise sehr gut wiederfinden. Dem Zivildienst in einer Schule für geistig behinderte Menschen bin ich entgangen, weil ich bei der Musterung wegen Knieschaden, Skoliose und regelmäßigem Marihuana-Konsum mit der Note drei abgestraft wurde und die Freistellung vom Wehrdienst errang. Vermutlich hätte ich dort gelernt, wie mit so einer Situation umzugehen ist. Und vermutlich hätte ich dann auch die Retour parat auf vermeintliche Anteilnahme: »Danke, aber es ist niemand gestorben. Wir haben soeben eine Tochter geschenkt bekommen. Ein einfaches ›Herzlichen Glückwunsch‹ reicht vollkommen.«

Jetzt fehlen mir die Schlagfertigkeit und auch der Mut. Mein Blick löst sich vom Gesicht meines Gegenübers und geht ins Leere. Dann nehme ich einen tiefen Atemzug, der ebensogut als Seufzer durchgeht. Meine Reaktion kann als dankbares Annehmen des kläglichen Mitfühlversuchs gedeutet werden, ist jedoch bloße Ablehnung, versteckt hinter einer freundlichen Maske, die genug Projektionsfläche bietet.

Es macht mir Angst, mit einem Ruck aus der Normalität gerissen zu werden, und es scheint, als würde die Kontrolle über mein Leben plötzlich nicht mehr bei mir liegen, als wäre ich ausgeliefert, obwohl ich immer noch der Gleiche bin wie ein paar Tage zuvor. Ich habe das Gefühl, einen neuen Stempel aufgedrückt bekommen zu haben. In eine andere Schublade einsortiert worden zu sein. Unvorhergesehen mit einem gesellschaftlichen Makel behaftet zu sein, zumindest fühlt es sich so an.

Und wenn dieser Makel in Wirklichkeit gar keiner war? Wie wäre das wundervoll, gäbe es eine kleine Insel in der Südsee, deren Einwohner Menschen mit Downsyndrom aufgrund ihrer emotionalen Fähigkeiten als Heilige verehrten.

An Yantis drittem Lebenstag beginne ich den Gedanken zuzulassen, dass ich vieles, was mir bisher selbstverständlich war, hinterfragen muss. Die Puzzlestücke, aus denen ich meine Weltanschauung zusammengesetzt habe, liegen einzeln vor mir, wild verstreut. Ein Kind hat das mühsam über die Jahre zusammengesetzte Werk gleichgültig gegen die Wand geschleudert. Mein Kind. Ich werde nicht ewig vor dem Puzzlehaufen stehen können. Es wird Zeit, ein neues Bild zusammenzusetzen.

Das Aufklärungsgespräch ist gar nicht mehr nötig. Es ändert nichts an meiner Einstellung. Alles andere als diese Diagnose hätte mich nur an meiner Intuition zweifeln lassen. Dr. Schmidt versucht verständlicherweise trotzdem, uns die Nachricht so behutsam wie möglich zu überbringen. Zu dritt sitzen wir draußen vor dem Hintereingang der Neugeborenenstation, um etwas Privatsphäre zu haben.

»Unsere Vorahnung hat sich bestätigt. Es tut mir sehr leid, Ihnen sagen zu müssen, dass Yanti das Downsyndrom hat«, stammelt er, bemüht, seine Hände in den Griff zu bekommen, die sich selbstständig gemacht zu haben scheinen und über die Oberschenkel reiben, einander kneten oder gar wild durch die Luft sausen. Man merkt ihm an, wie ungern er der Überbringer schlechter Nachrichten ist. Er hat diesen Beruf ergriffen, um junges Menschenleben zu retten. Dass es hier nichts zu retten gibt, überfordert ihn. Seine Unbeholfenheit lässt ihn kindlich sympathisch wirken. Außerdem fühle ich mich ihm verbunden als kongenialer Partner im Treffen falscher Entscheidungen, als ich mich nach den möglichen Ursachen des Gendefekts erkundige. Es ist unsinnig, dieser Frage auf den Grund gehen zu wollen. Vermutlich, um das Gespräch voranzutreiben, möglichst schnell dem Ende entgegen, stelle ich sie dennoch. Und Dr. Schmidt, ähnlich bemüht wie ich, gibt eine Antwort.

»Nun, das liegt in den meisten Fällen am fortgeschrittenen Alter der Mutter.« Er scheint erleichtert zu sein, die Seelsorge erst mal abhaken und sich wieder seinem Fachgebiet zuwenden zu können. Doch noch bevor er den Satz vollendet, merke ich ihm an, dass er seinen Fauxpas erkennt und versucht, ihn ungeschehen zu machen.

»Aber Sie sind ja noch nicht so alt. Das kann also alle möglichen Gründe haben«, fügt er, an Nico gewandt, hektisch hinzu. Die hat den ersten Teil seiner Antwort jedoch längst verarbeitet und bricht in Tränen aus. Ich nehme sie in den Arm, verfluche mich selbst für diese Achtlosigkeit. Dr. Schmidt wirkt hilflos, weiß allem Anschein nach nicht, was er tun soll. Weitere Argumente liefern, uns wortlos Gesellschaft leisten oder uns Privatsphäre zugestehen? Er sitzt wie eingefroren da, während Schweißperlen auf seiner Stirn wachsen.

»Es ist okay. Wir bleiben noch ein bisschen hier«, erlöse ich ihn. Er steht auf, rückt diskret den Stuhl gerade, als würde sich nach ihm noch jemand dort hinsetzen, und geht leise davon. Kurz darauf kommt er noch mal zurück, platziert ungelenk einen Taschentuchspender vor Nico, mit ausgestrecktem Arm, um so viel Distanz wie möglich zu halten, und zieht sich geräuschlos zurück.

Die Wolken ziehen wie im Zeitraffer über unsere Köpfe hinweg. Die nikotinsüchtige Neumutter steht wie immer vorm Foyer und bläst den Rauch zahlreicher Zigaretten in die Luft. Paradoxerweise scheint dies ihre Verbindung von unserem Planeten zum Himmel zu sein, ihr eigener direkter Draht nach oben. Sie hat wohl eine Menge loszuwerden. Es wird kalt, sodass wir noch näher zusammenrücken, so nah, dass Nicos Tränen nun auch an meiner Wange hinunterlaufen. Kurz bevor die erste ihrer Tränen von meinem Kinn hinuntertropft, öffnet sich die Tür zur Station, und ein Gesicht taucht auf. Es gehört Schwester Maria.

»Ihre Tochter möchte gerne gestillt werden«, sagt sie mit sanftem Ton und lächelt.

»Ich komme.« Nico steht auf. Sie wischt sich das Gesicht trocken, nimmt einen tiefen Atemzug und folgt der Schwester ins Innere des Gebäudes.

Nico war nie fest entschlossen, Kinder in die Welt zu setzen. Nachdem wir uns fast zwanzig Jahre nicht gesehen hatten und kurz vor Weihnachten 2011 in der Karibik wiedertrafen, gestand sie mir, dass sie sich längst damit abgefunden habe, kinderlos zu bleiben. Allerdings mit einer kleinen Hintertür.

»Das hört sich vielleicht merkwürdig an. Aber ich hatte mal ein Gespräch mit einer Freundin, die mich nach meinem Kinderwunsch fragte. Damals habe ich gesagt, ich wolle nicht

Mutter werden – es sei denn, ich würde meine Jugendliebe wiedertreffen und feststellen, dass dieser Jemand noch genauso toll wäre wie damals.«

Jenes Gespräch liegt mittlerweile fast fünf Jahre zurück. Fünf Jahre, in denen ich mich vergewissern konnte, dass ihre Worte nicht bloß so dahingesagt waren. Unsere Tochter ist der lebende Beweis, leibhaftig und anders.

Ich stelle mir vor, wie Nico und ich an der alten Eiche in Bremthal sitzen, wo wir beide aufgewachsen sind. Yanti läuft an uns vorbei, lächelt und winkt, wortlos. Sie ist genauso alt wie wir, ein Kind, und wir winken zurück.

In der Gegenwart, der faustdicken Wirklichkeit, sitzen wir nebeneinander an einem runden Tisch und hören einer Frau zu, wie sie von ihrem eigenen Leben als Mutter einer Tochter mit Downsyndrom erzählt.

»Und hier sind wir zusammen schwimmen.« Sie hat ein altes Fotoalbum dabei, das wir gemeinsam durchblättern, während sie die einzelnen Stationen im Leben der kleinen Elisabeth beschreibt. Elisabeth ist heute achtundzwanzig Jahre alt. Ihre Mutter sieht jedoch so aus, als hätte sie schon weit länger als achtundzwanzig Jahre nicht mehr erfahren, was Freude am Leben bedeutet. Die Frau ist grau in grau gekleidet. In Gedanken sehe ich sie als Maus. Mit zunehmender Gesprächsdauer staut sich in mir Frustration an.

»Sie kann sogar Schreibschrift, da hab ich sehr viel Wert drauf gelegt«, erzählt sie. Wozu braucht dieses Mädchen Schreibschrift? Es erschließt sich mir nicht.

»Wohnt sie denn noch bei Ihnen?«, fragt Nico, und mir fällt auf, dass auch sie an Gesichtsfarbe einbüßt. Es ist, als würde ihre

Lebensfreude mit jeder weiteren Gesprächsminute abnehmen. Als wir über Bekannte das Angebot bekamen, uns mit einer Mutter zu unterhalten, deren Tochter ebenfalls das Downsyndrom hat, erhofften wir uns vor allem, dass wir uns bestätigt darin sähen, dass Yanti nicht unsere Fußfessel sein würde. Doch die Aufklärende vor uns erreicht das Gegenteil, eine immer größer werdende Zukunftsangst.

»Na klar, ich würd sie auch gar nicht abgeben wollen«, beantwortet sie Nicos Frage. Die beiden Frauen sitzen sich mit hängenden Schultern gegenüber. »Aber sie kann zum Beispiel alleine mit der Tram fahren. Das haben wir auch lange geübt.«

»Ach wirklich? Kann sie auch alleine einkaufen gehen?« Nicos Schultern heben sich ein wenig.

»Nein, das schafft sie nicht. Ich kann sie nicht einfach zu Karstadt schicken. Ne, das geht nicht.« Offenbar erscheint ihr allein der Gedanke abwegig. Nico sinkt wieder tiefer in ihren Stuhl.

»Wir reisen sehr viel, auch beruflich. Ist das denn möglich mit einem Kind mit Downsyndrom?«, frage ich sie.

»Also, ich weiß nicht. Wir sind noch nicht zusammen in Urlaub gewesen – das stelle ich mir schwierig vor. Mein Mann und ich waren das letzte Mal in den Flitterwochen gemeinsam weg.«

Auch ich hänge mittlerweile niedergeschlagen und schlaff auf meinem Stuhl.

»Und hier ist sie zusammen mit ihrem Freund. Den hat sie aber nicht mehr.« Sie geht das Fotoalbum weiter durch.

Ich halte es nicht mehr aus hier drinnen. So ehrenwert das Vorhaben dieser Frau auch ist, ich bin der falsche Adressat. Meine gerade aufkeimende Aufbruchsstimmung wurde innerhalb der letzten halben Stunde gehörig zusammengestaucht. Das Leben, von dem sie erzählt, möchte ich nicht führen. Ein Leben wie im Plattenbau, so uniform, vorhersehbar und trist.

»Ich habe gleich noch ein Telefonmeeting – leider muss ich los. Herzlichen Dank, dass Sie sich für uns Zeit genommen haben.« Ich stehe auf und schüttele der grauen Frau die Hand. Ein Lächeln huscht über ihr Gesicht. Nein, doch nicht, ich habe mich getäuscht. Für einen kurzen Moment hatte ich gehofft, sie hätte noch etwas Freude übrig, aber es war bloß mein Wunschdenken. Ich bin wütend. Darüber, dass uns dieses Gespräch empfohlen wurde, damit wir besser mit dem Schmerz des Unerwarteten fertig würden. Damit wir freudig in die Zukunft blickten.

Doch dieses Leben, das mir da eben präsentiert wurde, ist grauenhaft. Es ist meine persönliche Hölle auf Erden. Allein die Aussicht ist so unerträglich, dass ich das Gespräch vorzeitig verlassen muss. Es gibt kein Telefonmeeting. Ich fühle mich schlecht, weil ich Nico zurücklasse. Allein. Weil ich sie nicht mit meiner Zuversicht wärme, ihr nicht helfe, sich gegen die düsteren Zukunftsvisionen zu wehren, die sich Seite für Seite vor ihr ausbreiten wie eine Wasserlache aus schmelzendem Eis. Doch ich habe das Verlangen, meine Tochter zu besuchen und ihr zu versprechen, dass ihr Leben anders wird. Dass wir zusammen glücklich werden und auch anderen Freude bereiten.

Yanti schläft, sie liegt so unbekümmert da, als hätte sie das alles schon hundertfach gehört und vor langer Zeit ihren Frieden damit geschlossen. Dabei ahnt sie nichts von alledem. Wie sollte sie auch wissen, dass ihr Dasein ein Problem für irgendjemanden darstellen könnte. Ich lege meine Hand über ihr kleines Herz. Damit sie mich spürt, meine Gegenwart.

»Versprich mir, dass du so bleibst«, flüstere ich ihr zu. »Kümmer dich nicht um das Geschwätz der Menschen, die denken, sie hätten das Leben entschlüsselt. Und ich verspreche dir, alles dafür zu tun, damit die Miesepeter uns nicht das Glück verderben, das du uns mit deiner Ankunft hier beschert hast.« Ein kaum merkliches Schmunzeln huscht über ihre Mundwinkel.

»Abgemacht?«, frage ich leise. Ich greife nach ihrer Hand. Yanti umklammert im Schlaf reflexartig meinen Zeigefinger und besiegelt damit unseren ersten Vater-Tochter-Vertrag auf Lebenszeit.

Kurz darauf betritt Nico das Zimmer.

»Ach, hier bist du«, sagt sie verwundert. »Ich dachte, du hättest noch ein Meeting.«

»Ich weiß, tut mir leid. Das war gelogen.« Meine Flucht beschämt mich jetzt. »Ich hab's da drinnen einfach nicht mehr ausgehalten. Diese Fotos und Geschichten haben mich wahnsinnig gemacht.«

»O Mann, das hätte ich auch tun sollen.« Nico beugt sich über Yanti, schaut sie an, während sie spricht. »Das war ein heftiger Dämpfer. So kann ich nicht leben. Das klang schlimmer als Gefangenschaft.«

»Absolut. Das können wir Yanti und uns nicht antun. Wir werden alle depressiv, wenn wir so leben.«

»Dabei tut mir das wirklich leid. Sie wollte ja nur helfen. Ich glaube, auch wenn ihre Tochter und unsere diese Gemeinsamkeit nicht hätten, wäre ihr Leben anders verlaufen als unseres. Sie hat einen ganz anderen Lebensstil.«

»Hast du gehört, wie oft sie seit der Geburt ihrer Tochter auf Reisen war?«

»Ja, nur während der Flitterwochen.«

»Vor dreißig Jahren. Flitterwochen. Drei Tage lang. Trotzdem bewundere ich diese Frau aber auch auf eine bestimmte Weise. Ich habe ihr angesehen, dass sie unzählige Kämpfe für ihre Tochter ausgetragen und damit vielleicht auch Yanti und uns einen Weg geebnet hat, der leichter zu gehen ist als vor dreißig Jahren.«

»Fabian.« Nico legt ihre Hand auf meine, die die kleine Hand von Yanti hält. »Versprich mir, dass unser Leben nicht so aussehen wird.«

»Versprochen!«, lautet meine Antwort. »Aber so was von versprochen.«

Was uns im ersten Moment wie ein Dämpfer vorkam, war der Antrieb, den wir brauchten, um unser neues Leben anzunehmen. Selbst zu bestimmen, wie wir es leben wollen.

Abends verlasse ich zum ersten Mal das Krankenhaus, um die Nacht zu Hause zu verbringen. Während der Kiez mich empfängt wie immer, mit seinen Feiertouristen, den Punks an der Straßenecke und den unbekümmert spielenden Kindern vor unserer Haustür, wirkt alles fremd auf mich, fast wie aus einem anderen Leben. Wie oft bin ich wohl schon hier langgelaufen, ohne die Menschen wirklich anzusehen, denen ich begegnet bin? Es ist, als würde über meinen Augen ein Filter liegen, der den Fokus automatisch auf andere Dinge richtet als bisher. Die einstigen Protagonisten werden zu Statisten, in den Vordergrund rücken Menschen, die ich meistens ausgeblendet habe. Junge Mütter und Väter, die ihren Nachwuchs in Babytragen, Kinderwagen oder Fahrradanhängern durch die Straßen kutschieren. Eltern, denen das Glück auf die rosigen Wangen tätowiert scheint. Lachend, feixend, glücklich und mich einschüchternd.

Wird es uns gelingen, Blicke auszublenden, die uns unser Glück nicht abnehmen? Oder werde ich in den Augen jedes Passanten lesen: »Wie beeindruckend, dass Sie sich trotz Ihrer misslichen Lage bemühen«?

Als die Wohnungstür hinter mir ins Schloss fällt, atme ich erleichtert auf. Es mag verrückt klingen, aber ich habe das Gefühl, dass nicht nur ich die Welt mit anderen Augen sehe, sondern auch die Welt mich anders ansieht. Es wird schwer, dieses Gefühl abzuschütteln, und dabei ist es unabdingbar. Mein Kind ist eine Außerirdische, und ich will, dass sie glücklich wird in dieser Welt. »Was du nicht verstecken kannst, das präsentiere als etwas Besonderes«, höre ich von irgendwo aus dem Dunkel des Schlafzimmers wieder meinen Professor sagen, als mir schon die Augen zufallen.

Zum ersten Mal seit einer Woche fühle ich mich ausgeschlafen, als ich die Neonatologie betrete. Yanti ist stabil. Bisher waren alle Hörtests negativ, vielleicht bleibt sie ihr Leben lang taub. Sie hat einen Nystagmus, was ein Flackern der Augen beschreibt und neben einem verminderten Sehvermögen auch neurologische Schäden bedeuten kann. Sie hat die freie Form der Trisomie 21. Jede ihrer Milliarden von Zellen hat das einundzwanzigste Chromosom in dreifacher statt in zweifacher Ausführung. Dieses Überangebot hat zur Folge, dass sie unter einer Hypotonie leidet, einer Schwäche des Muskelapparats. Besonders ihre Rumpfmuskulatur, aber auch andere Regionen sind davon betroffen, wie eben die Lunge, die nur eine flache Atmung zulässt, somit eine Sauerstoffunterversorgung zur Folge hat, oder das Herz, der wichtigste Muskel des menschlichen Körpers, das bei Yanti noch nicht genug Kraft entwickeln konnte, um ihren kleinen Körper ausreichend zu versorgen. Ob sie in naher Zukunft am offenen Herzen operiert werden muss, steht noch nicht fest.

»Wir müssen das beobachten«, ist derzeit der meistgesprochene Satz der Spezialisten, die unsere Tochter mehrmals täglich untersuchen. Jeden dritten Tag kommt eine Physiotherapeutin, um Yantis Muskulatur in Schwung zu bringen. Wenn wir einmal nicht da sind, sind immer Pfleger oder Schwestern bei ihr.

Eine Sozialarbeiterin hat angeboten, uns Tipps für ein Leben mit einem behinderten Kind zu geben, und eine Ärztin aus einer anderen Station, die ebenfalls ein Kind mit Downsyndrom hat, gibt uns Ratschläge, auf was wir vor allem in den ersten Wochen achten müssen. Nico und ich fühlen uns wirklich gut aufgehoben hier, und Yanti ist fast nie allein. Manchmal habe ich das Gefühl, sie sei beliebt bei den Schwestern und Pflegern, so sehr wird sie umsorgt. Als wäre es nicht die Pflicht der hier Arbeitenden, sondern eine Freude, Yanti einen angenehmen Start ins Leben zu bereiten.

Tatsächlich hat ihre kleine Zimmernachbarin eine ganz andere Last zu tragen. Um deren Inkubator ist eine zeltartige Konstruktion gebaut, im Inneren erstrahlt grellblaues Licht. Wann immer ich den Raum betrete, höre ich sie wimmern, jammern, schreien, doch nie sehe ich jemanden, der heraneilt, um sie zu beruhigen. Auf ihrer Geburtskarte steht sogar noch weniger als auf Yantis.

Ich heiße   Hanna Unbekannt
Ich wurde am   um   Uhr geboren
Mein Geburtsgewicht   *g*
Meine Geburtslänge   *cm*
Mein Kopfumfang   *cm*
Zimmer Nr.

Ihr Vorname ist alles, was der Besucher über das Neugeborene erfährt. Wurde sie aus der Babyklappe hierhergebracht, oder hat ihre Mutter die Geburt nicht überlebt und hatte keine Ausweispapiere bei sich?

»Was ist mit ihr?«, wende ich mich voller Neugier an Schwester Tina und deute mit einem Blick auf das blau leuchtende Zelt.

»Das darf ich leider nicht sagen«, antwortet sie knapp. Die

Verschwiegenheitspflicht gilt auch bei unmündigen Patienten. Später am Tag höre ich sie mit einer anderen Schwester flüsternd diskutieren.

»Ich weiß, dass wir das nicht dürfen, aber das ist mir jetzt egal. Die Kleine braucht Körperkontakt. Wenigstens ein bisschen.« Ihre Kollegin nickt einwilligend. Kurz darauf sehe ich, dass Tina auf einem der Stillstühle sitzt, Hanna Unbekannt in ihren Armen wiegt und ihr leise ins Ohr summt. Fast eine Stunde sitzt sie so. Es ist das einzige Mal, dass die kleine Unbekannte ruhig und zufrieden vor sich hin schmatzt. Vielleicht bekommt Yanti die Aufmerksamkeit und Fürsorge zu spüren, die ihrer Nachbarin per Gesetz abgesprochen wird.

Die Neonatologie und die damit verbundene Geburtsstation ist ein Ort der Extreme. Das größte Glück auf Erden und tiefschwarze Trauer geben sich hier im Minutentakt die Klinke in die Hand. Täglich sehe ich Menschen, die einander in den Armen liegen. Dabei ist leicht zu erkennen, ob es eine tröstende oder eine beglückwünschende Umarmung ist. Lange und reglos in den Armen liegt sich, wer einander Trost spendet. Da ist kein Kind, das man umarmen könnte, nur die Trauer. Freudige Umarmungen sind kürzer, hektischer und zahlreich.

Mitunter verwirrt es mich, als Fremder diesen Familienzusammenkünften beizuwohnen, wenn auch nur im Vorübergehen. Je nachdem, was ich gesehen habe, betrete ich mal niedergeschlagen und mal fröhlich Yantis Zimmer. Je länger ich mich hier bewege, desto größer wird mein Respekt vor den Angestellten, die bei allem, was sie sehen, nicht weniger zärtlich im Umgang mit ihren Schützlingen sind.

Fast drei Wochen liegt Yanti nun auf der Intensivstation, während Nico gleich nebenan im Belegzimmer schläft, ansonsten aber jede Minute bei unserer Tochter verbringt. Ich gehe abends nach Hause und komme morgens einigermaßen ausgeschlafen zurück. Nico ist der Kräfteverschleiß mittlerweile deutlich anzumerken.

»Kann es sein, dass du seit der Geburt noch nicht einmal das Krankenhausgelände verlassen hast?«, frage ich sie besorgt.

»Ja, kann sein. Ich will Yanti nicht alleine lassen. Die bloße Vorstellung, sie könnte nach mir schreien und ich wäre nicht da, bricht mir das Herz«, wehrt sie ab.

»Eben hast du sie gestillt, ich habe sie gewickelt und frisch angezogen. Wollen wir es wagen, einen kleinen Spaziergang im Park zu machen? Es ist wirklich schön draußen.«

»Ich darf aber noch keine weiten Strecken zurücklegen nach der OP.«

»Kein Problem, ich besorge dir einen Rollstuhl.«

Nico atmet tief durch.

»Okay.«

Inzwischen ist es im Park nicht mehr so düster – der Oktober beginnt mit spätsommerlichen Temperaturen. Die Sonne breitet sich warm über den kargen Kronen der Eichen aus, Menschen strömen in den Park, um die letzten Sonnenstrahlen des Jahres zu ergattern, bevor der Winter sein dunkles Tuch über die Stadt spannt. Wie an jedem gewöhnlichen Tag ziehen Jogger ihre Kreise, überholen uns, ohne uns zu beachten, während ich Nico im Rollstuhl über die Asphaltbahn schiebe, geradewegs zum aufgeschütteten Sand am Rand der Volleyballfelder.

»Lass uns barfuß im Sand sitzen«, sage ich und helfe Nico dabei, ihre Schuhe und Socken auszuziehen. Nico schließt die Augen und hebt ihre blasse Nase, als könnte sie die Wärme atmen. Ich sitze neben ihr und mache es wie sie. Wir sitzen schlicht da, können uns gegenseitig genießen spüren. Sonne im Gesicht, Sand zwischen den Zehen, um uns die Geräuschkulisse eines Nachmittags im Park. Skateboard fahrende Kinder, ehrgeizige

Volleyballspieler, sich auf Decken fläzende Studenten und sich wichtig nehmende Inlineskater.

»Wie geht's dir?«, frage ich Nico nach einer langen Zeit der Stille.

Sie klingt erleichtert. »Viel besser.«

»Woran denkst du jetzt?«

»Woran ich in den letzten Tagen fast pausenlos denke.«

»Was ist das?«

»Du weißt schon. Das Warum.« Für einen Augenblick verstummt sie. »Ich habe alles dafür getan, dass wir eine gesunde Tochter bekommen. Ich habe keinen Alkohol getrunken und nicht geraucht, habe strikt auf meine Ernährung geachtet, nur Biokost gegessen, war regelmäßig beim Schwangerschaftsyoga und habe jeglichen Stress vermieden. Meine Schwangerschaft verlief ohne Komplikationen, und alle Tests fielen super aus. Ich verstehe einfach nicht, wieso unsere Tochter mit solchen Problemen auf die Welt gekommen ist, während andere rundum gesunde Kinder gebären.« Auch Nico war das Phänomen der Kette rauchenden Mutter nicht entgangen. »Was habe ich falsch gemacht?«

»Du hast alles richtig gemacht, Nico.«

»Aber warum dann?«

»Erinnerst du dich, was Schwester Marion gesagt hat?«, frage ich.

»Ja, natürlich. Dass Yanti uns als Eltern ausgesucht hat.«

»Ich habe seit jener Nacht immer wieder über diesen Satz nachgedacht. Im Grunde haben wir dreißig Jahre lang auf Yanti gewartet. Jetzt ist sie da, unser Wunschkind. Yanti passt in keine Schublade – genau wie das Leben, das wir beide lieben. Es ist, als würde sie uns sagen, dass wir anders leben dürfen. Mit Yanti werden wir außerhalb vieler Konventionen leben, ohne dass uns jemand auf die Finger haut. Wer würde uns schon irgendwas verbieten wollen. Du siehst doch, wie schwer es den Leuten fällt, uns dreien ›normal‹ zu begegnen.«

Nico denkt nach.

»Du hast recht.« Kurz hält sie inne, nachdenklich. »Lass uns Spaß haben mit Yanti. Lass uns gemeinsam Abenteuer erleben und nicht auf Stimmen hören, die uns das Glücksgefühl nicht zugestehen wollen. Was kann heilender sein, als Spaß am Leben zu haben? Lass uns glücklich sein.«

Die Art, wie sie es sagt, erinnert mich endlich wieder an die Nico von vor dreißig Jahren. Zum ersten Mal spüren wir das Elternglück, von dem während Nicos Schwangerschaft immer alle redeten.

Einen Augenblick verblasst die Gegenwart, Nicos Hand in meiner, ziehe ich mich zurück an einen Ort in der Vergangenheit. Ich höre den Dreiklang der heimischen Türglocke, dann helle Kinderstimmen.

»Darf Fabi zum Spielen rauskommen?« Ich hatte kein Mitspracherecht, wenn Nico und ihre Freundinnen mit dieser Frage vor unserer Haustür standen. Die drei waren bei meiner Mutter gern gesehen, da sie vermutete, ich würde mit ihnen weniger Unsinn anstellen, als wenn ich mit den Jungs im Dorf unterwegs wäre. Ganz unrecht hatte sie damit nicht. In Anwesenheit der Mädchen war ich zu schüchtern, um Vorschläge zum Ungehorsam einzubringen.

»Na, aber klar doch. Faaabiiiiii, du hast Besuuhuuuch«, rief meine Mutter fröhlich die Treppe hinauf.

Es war die Zeit, als wir noch glaubten, unendlich sei eine Zahl und zweimal unendlich eine durchaus legitime Größe. Wir waren sieben Jahre alt, gingen alle zusammen in die Klasse 2A der Comenius-Schule und hatten das, was man gemeinhin als unbeschwerte Kindheit bezeichnen würde. Das letzte Jahr der Achtziger neigte sich dem Ende zu, die Grünen waren angesagt, Haarspray und Atomkraft waren out und Gorbatschow leitete die Perestroika ein. Für die etwa 2000 Bewohner von Bremthal war der Osten allerdings in etwa so weit entfernt wie das Ozonloch über der Antarktis; sie blickten höchstens bis nach Frankfurt oder Wiesbaden.

Und wir Kinder? Unsere Welt fing gleich hinter den letzten Häusern an, am Waldrand. Nico war für mich aus dieser Welt nicht wegzudenken. Vermutlich spürte ich damals schon, dass sie zu mir gehörte, doch je älter ich wurde, desto mehr ging mir dieses Bewusstsein verloren.

Auch wenn ich meist mehrere Schritte in gespielter Gleichgültigkeit hinter den dreien hertrottete, strahlte ich vor Genugtuung im Wald, auf dem Spielplatz oder in den »Dreckbergen«, wie wir die nahe gelegene Baustelle nannten. Im Sommer schlitterten wir Geröllhügel hinunter, im Winter rutschten wir im Schnee auf Plastiktüten den Molchteichen an der Waldgrenze entgegen.

An einem grauverhangenen Nachmittag im Frühling machten wir uns in Gummistiefeln auf den Weg ins Moor: ein kleines Gebiet am Waldrand, das wegen der morastigen Beschaffenheit des Bodens nur teilweise begehbar war.

An diesem Nachmittag hatten wir eine besondere Mission. Im Dorf ging das Gerücht unter den Kindern um, dass dort ein Verrückter in einer verfallenen Baracke hause. Nachts käme er ins Dorf, um dort zu wüten. Marco, ein Klassenkamerad, erzählte aufgebracht: »Der ist vor ein paar Wochen nachts bei uns auf dem Hof gewesen und hat allen Kaninchen im Stall die Kehle durchgeschnitten.« Das konnte er nicht ungesühnt lassen, und so schloss er sich uns an, um die Kaninchen seiner Großmutter zu rächen. Allerdings hatte der Mann nicht nur Stallhasen auf dem Gewissen. Wenn man den Gerüchten Glauben schenkte, hatte er seine eigene Familie ermordet und war nun auf der Flucht.

Keiner von uns vieren wusste, woher »der Verrückte« kam oder was er erlebt hatte. Aber wir waren uns einig, dass wir ihn aufspüren mussten. Was wir tun würden, wenn unsere Bemühungen erfolgreich wären? So weit gingen unsere Überlegungen nicht. Ich packte das Jagdmesser ein, ein Erbstück meines Vaters, das mein Großvater aus der Kriegsgefangenschaft in Schweden mitgebracht hatte. Ich trug es im hirschledernen Halfter gut sichtbar in den Hosenbund geklemmt. Sicher war sicher.

Am zweiten Fischteich hinter dem Waldrand vorbei scharf links, dann parallel zu den Bahnschienen tiefer ins Moor hinein. Es war kein langer Marsch, und doch war es nach kurzer Zeit, als hätte uns der Wald verschluckt. Die dörfische Gemeinschaft, Eltern, Lehrer und Geschwister schienen Kilometer weit entfernt. Moosbewachsene Schieferfelsen klafften aus dem dicken Laubboden hervor, die Luft roch nach frischen Regenwurmexkrementen.

»Hier können wir runter.« Nico deutete auf einen Abhang, der nach großem Spaß aussah. Zu fünft rannten wir die mit Blättern bedeckte Böschung hinab. Stolperten, fielen, rollten bis nach unten hinab, klopften uns die Hosen sauber und standen plötzlich mitten im Moor. Knorrige Äste toter Bäume überragten uns, ein Rinnsal bahnte sich seinen Weg an uns vorbei – ein Wegweiser in die verwunschene Landschaft. Außer ein paar Käfern und anderen Insekten ließ sich hier kein Lebewesen blicken. Plötzlich lastete die Stille auf uns. Es war, als hätten wir eine Rutsche direkt hinab in die Unterwelt genommen.

Nach einiger Zeit brach Marco das Schweigen. »Dahinten soll irgendwo die Hütte stehen.« Er wies mit ausgestrecktem Zeigefinger in die mit Ästen dicht verhangene Ferne und ging voran. Hinter ihm die drei Mädchen, als Letzter ich, mit gezücktem Jagdmesser. Auf einem schmalen befestigten Pfad bewegten wir uns zwischen den wabernden, alles verschluckenden Wassern. Aus Angst vor einem hinterhältigen Angriff blickte ich regelmäßig über meine Schulter, um sicherzugehen, dass uns der Verrückte nicht verfolgte.

Plötzlich schrie Marco auf. Er hatte entdeckt, was wir suchten: Ein kleines, bis auf die Grundmauern abgedecktes Steinhaus ragte wie ein abgebrochener Zahn aus dem modrigen Laubboden hervor. »Lasst uns nachschauen«, rief Nico freudig gespannt, als wäre das der logische nächste Schritt, während ich versuchte, meinen Puls niedrig zu halten. Nacheinander schlüpften wir hinein und sahen uns um. Jemand war hier gewesen: Ein Schlafsack, eine Männerjacke und Konserven lagen auf dem feuchten Steinboden verstreut. Wirklich unheimlich waren aber nicht diese Spuren, die genauso gut von einem Obdachlosen oder Jugendlichen stammen konnten. Unheimlich war, was sich direkt hinter der Hütte befand.

»Was ist das?«, fragte ich meine Gefährten flüsternd und deutete auf das Objekt. Ein Holzpfahl, der hüfthoch senkrecht in der Erde steckte. Schon vor längerer Zeit hatte irgendwer einen Schuh auf die Spitze gesteckt, denn das Leder des schweren Schuhwerks war mit einem feinen Pelz aus grünem Moos überzogen. Der Größe nach zu urteilen, musste er einem hochgewachsenen Mann gehört haben. Für mich war das ein Zeichen. In dieser Erde lag etwas vergraben – etwas oder jemand. Scheiße, dachte ich. Irgendwas ist hier passiert. Im Halbkreis standen wir um das mutmaßliche Grabmal und waren ziemlich still geworden. Keiner würde es vor den anderen eingestehen, doch das Abenteuer war vorbei, eine Grenze zu viel überschritten. Wir alle wollten nach Hause.

Vorbei an den alles verschluckenden Sumpftümpeln rannten wir in Richtung des rettenden Waldweges, der den Eintritt in die sichere Welt bedeutete. Ich hatte das Messer weiterhin in der Hand, um auf etwaige Angriffe vorbereitet zu sein, rutschte aus und landete beim Versuch, mich abzustützen, direkt auf der offenen Klinge. Zum letzten Mal während des Zweiten Weltkrieges geschliffen, war sie so stumpf, dass sie nicht durch meine Jacke schnitt. Glück gehabt. Gleichzeitig stolperte Claudi und versank bis zu den Oberschenkeln im Moor. Obwohl es uns gelang, sie mithilfe eines schweren Asts herauszuziehen, saß der Schrecken tief. Ich weiß noch, dass einer ihrer bunten Gummistiefel im Morast versank und blubbernd unterging. Als wollte uns das Moor nicht gehen lassen; als wollte es etwas von uns zurückbehalten.

Ich weiß nicht, wie sie ihren Eltern das Fehlen des Stiefels erklärte, aber ich bin sicher, dass sie nicht erzählt hat, dass wir im Moor waren und was wir dort gesucht hatten. Keiner von uns sprach darüber. Ich weiß auch nicht, ob es den Verrückten je gegeben hat. Ich weiß nur, dass ich ohne Nico nicht in dieses Haus gegangen wäre. Es war, als würde ihr das Angst-Gen fehlen. Während ich unsere Umgebung mit 360-Grad-Blick auf mögliche Gefahren scannte, lief sie einfach drauflos. Klein und blond und abenteuerlustig, mit rotem Haarreif im langen Haar. Nico wirkte immer zuversichtlich – egal, welches Abenteuer sie erlebte.

Ich komme in die Wirklichkeit zurück und sehe Nico an.
»Ja, lass uns glücklich sein«, sage ich leise.
»Lass uns zu dritt auf Reisen gehen.«

AUFATMEN

Berlin,

Herbst und Winter 2016

Die vergangenen drei Wochen seit Yantis Geburt kommen mir vor wie ein halbes Leben. Yanti hat ihr ganzes kleines bisheriges Leben im Krankenhaus verbracht. Während ich in dieser Zeit das Gefühl hatte, in einer Parallelwelt umherzugeistern, muss es Yanti ab heute genauso vorkommen, so unvertraut ist ihr ein Leben außerhalb ihres Inkubators. Immer wieder wurde ihre Entlassung verschoben, weil ihr Sauerstoffgehalt unter den Grenzwert sackte. Doch letzte Nacht blieb sie stabil. Die Ärzte waren uneins über das Risiko einer heutigen Entlassung, aber letztendlich haben sich die Stimmen durchgesetzt, die meinten, es würde ihr guttun und sie stabilisieren, wenn sie die Station heute verließe. Und obwohl wir drei Wochen Zeit hatten, uns auf diesen Augenblick vorzubereiten, obwohl wir ihn herbeigesehnt haben, macht uns die Aussicht Angst, plötzlich auf uns allein gestellt zu sein. Die alleinigen Verantwortlichen für das Überleben unserer Tochter.

»Was machen wir jetzt?«, frage ich Nico, als wir zu Hause auf der Couch sitzen und Yanti anstarren, die zum ersten Mal, ganz ohne Schläuche, unverkabelt, wie ein kleiner Mensch und nicht mehr wie ein Cyborg aussieht.

»Gab es irgendwas, das du unbedingt tun wolltest, als sie noch auf der Station war? Etwas, das unter den Umständen nicht möglich war?«, stellt sie die Gegenfrage.

»Ich weiß nicht. Bin etwas überfragt. Jetzt wo wir endlich hier sind, habe ich das Gefühl, erst wieder eine Aufgabe finden zu müssen. Und wie ist es bei dir? Gibt es etwas, was du dir die ganze Zeit gewünscht hast?«

»Ja, allerdings. Ich würde gern im Bett sein mit euch beiden. Einfach nur zusammen unter der Decke liegen und genießen, dass wir endlich zu Hause sind und Yanti bei uns haben.«

Den Rest des ersten Tages verbringen wir im Bett, stehen nur auf, um Yanti zu wickeln oder halb nackt dem Pizzaboten zu öffnen. Der zweite Tag verläuft ähnlich, auch der dritte. Zum Ende des Jahres werden die Tage spürbar kürzer, ein Umstand, der vom Bett aus gesehen gar nicht ungelegen kommt. Wenn wir doch mal vor die Tür gehen, ist Yanti trotz des vergleichsweise milden Herbstes in dicke Winterkleidung zwiebelähnlich eingepackt. Zu groß ist unsere Angst davor, dass sie zurück ins Krankenhaus muss. Schon ein kleines Husten oder ein leises Niesen versetzt uns in Schockstarre. Die Nächte sind lang, die Schlafphasen kurz. Das liegt keinesfalls am unruhigen Schlaf unserer Tochter. Yanti schläft, sie träumt und schmatzt und pupst mit hedonistischer Hingabe, während wir danebenliegen und unsere Sorgen stumm in die Dunkelheit fluchen. Friert sie? Ist ihr zu heiß? Hat sie genügend Sauerstoff? Atmet sie noch? Vermutlich geht es allen Eltern mit einem Erstgeborenen so. Doch Yanti, die Außerirdische, nimmt es gelassen. Wir können uns glücklich schätzen, dass sie kein hysterisches Kind ist. Im Gegenteil. Sie schreit nicht und weint ihre erste Träne, als ihr in der sechsten Lebenswoche ein Impfstoff gespritzt wird.

Die meiste Zeit scheint sie uns und ihre Umwelt zu beobachten, was angesichts des Nystagmus, der ein Hinweis auf eine mögliche Sehschwäche oder gar Blindheit ist, etwas gespenstisch wirkt. Sieht sie etwa mehr als ich, frage ich mich immer wieder, wenn wir einander tief und lange in die Augen schauen. Blickt sie womöglich mit ihren leuchtend blauen Augen tief in mich hinein?

Bis zum Zeitpunkt ihrer Entlassung wusste ich herzlich wenig über die Chromosomenstörung Trisomie 21. Dass dabei das einundzwanzigste Chromosom dreifach anstatt wie üblich zweimal vorkommt, war mir geläufig. Auch die äußerlichen Merkmale wie die mandelförmigen Augen, die verdickte Zunge oder das spitze Kinn waren mir vertraut. Aber was bedeutete es eigentlich für einen Menschen, mit einem Extra-Chromosom durchs Leben zu gehen? Ich würde es mit der Zeit lernen. Bisher wirkt Yanti auf mich wie ein Genussmensch. Sie fügt sich wunderbar in unsere kleine Familie.

Downsyndrom ist, was es ist, und in den meisten Fällen nichts Schlechtes. Das eigentliche Problem sind wir, die das Privileg haben, ohne Auffälligkeiten und Behinderungen zur Welt zu kommen und durchs Leben zu gehen. Ich weiß nicht, was in unserer kulturellen Entwicklung den Ausschlag dafür gegeben hat, dass wir in Deutschland gerne Gutes tun, es aber genauso gerne anderen überlassen. Spenden: Ja, aber nur solange es nicht in mein persönliches Umfeld einfließt. Entwicklungshilfe: Gerne, aber nur wenn das heißt, dass ich nicht mit den Menschen aus Dritte-Welt-Ländern in meiner Heimat konfrontiert werde. Inklusion: Jeder soll die Möglichkeit haben, eine Ausbildung nach Wahl zu genießen. Aber bitte nicht, wenn mein eigenes Kind dadurch in seinem Lernvermögen eingeschränkt wird. Ich musste erst ein Kind bekommen, das selbst davon betroffen ist, dass ich mir eingestehen konnte, eben diese Denkweise gepflegt zu haben.

Während mich die Gegenwart unserer Tochter beruhigt, ängstigt mich, was ich über den Umgang mit Menschen mit Downsyndrom in der Vergangenheit und heute lese. Erst jetzt, da es mit meiner geliebten kleinen Tochter auch mich selbst betrifft, fasst es mich schmerzlich an.

Mein Großvater diente in der Waffen-SS, jener berüchtigten Truppe, deren Gräueltaten bis heute zu den schockierendsten gehören, die von Menschenhand verübt wurden. Als Vertriebener aus Dobromil, einem kleinen Städtchen in der heutigen Westukraine, entwickelte er sich zu einem aktiven Antikommunisten, der für die aufkommende NS-Propaganda empfänglich war. »Heim ins Reich« – der Spruch schien für ihn maßgeschneidert. Mein Großvater hat mir nie von Erlebnissen aus dieser Zeit erzählt, und erst nach seinem Tod erfuhr ich, dass er hauptsächlich Schreibtischarbeit verrichtete. Aber ich kenne das Wort »Euthanasie« und weiß, was es im Nazijargon bedeutete. Die »Ausmerzung von unwürdigem Leben« und Individuen, welche »die deutsche Rasse« schwächen würden, war eines der Leitziele der Nationalsozialisten. Zweihunderttausend geistig behinderte Menschen überlebten die Ideologie der reinen Rasse nicht. Darunter Tausende mit der Diagnose »Trisomie 21«.

Opa Schorsch war mir ein wundervoller Großvater. Wenn er heute noch leben würde, wäre er Yanti gewiss ein ebenso wundervoller Urgroßvater gewesen. Was aber wäre meiner Tochter widerfahren, wenn sie im Dritten Reich geboren worden wäre? Vermutlich hätte mir der Mut gefehlt, ihn das zu fragen.

Seit der Befreiung durch die Alliierten sind fast 75 Jahre vergangen. Unsere Gesellschaft ist offen, liberal. In Deutschland wie in vielen anderen Ländern ist gleichgeschlechtliche Liebe kein Verbrechen mehr. Von der tatsächlichen Gleichberechtigung zwischen Mann und Frau sind wir zwar immer noch weit entfernt, aber mittlerweile ist es salonfähig, ungerechte Zustände öffentlich anzuprangern. Behinderte Menschen haben bei uns in Deutschland die gleichen Rechte wie Nichtbehinderte. Oder etwa nicht? Zumindest dachte ich das immer. Doch noch bevor ein Mensch überhaupt das Licht der Welt erblickt, werden gesetzliche Unterschiede gemacht. Es gibt diesen einen Standardtest im ersten Trimester der Schwangerschaft, die Nackentransparenzmessung. Dabei wird die Transparenz der Nackenfalte auf dem Ultraschallbild vermessen, was Aufschluss darüber gibt, ob der Fötus Anzeichen für eine Trisomie oder andere Chromosomenstörungen aufweist. Auch mögliche gesundheitliche Mängel wie Herzfehler, Lungen- oder Skelettfehlbildungen können in der Nackentransparenzmessung indiziert werden. Dieser Test ist jedoch sehr vage und wenig aussagekräftig. Präziser ist die Fruchtwasseruntersuchung. Dabei wird eine Kanüle durch die Bauchdecke der Schwangeren geführt, um Fruchtwasser zu entnehmen, das später im Labor untersucht wird. Da dieser Test mit Risiken wie Infektionen, Missbildungen oder gar einer Fehlgeburt einhergeht, wägen viele werdende Eltern ab, ob es das Risiko wert ist. Die Frage, die sich im Anschluss stellt, ist nämlich nicht weniger schwerwiegend. Was macht man mit der Information, dass das eigene Kind krank oder fehlgebildet zur Welt kommen wird? Zwei Möglichkeiten bieten sich hier: das Kind trotzdem bekommen oder einen Schwangerschaftsabbruch herbeiführen, also abtreiben. Klingt alles logisch und modern und liberal, bis man sich den erlaubten Zeitrahmen einer Abtreibung genauer anschaut.

Schwangerschaftsabbrüche sind in Deutschland nach Paragraf 218, trotz weitverbreiteter gegenteiliger Meinungen, weiterhin verboten und können mit Freiheitsstrafe geahndet werden. Jedoch gibt es zahlreiche Einschränkungen.

Schwangeren Frauen, die an einer Schwangerschaftskonfliktberatung teilgenommen haben und die nötige Bedenkfrist einhalten, ist es laut Paragraf 218a freigestellt, eine Abtreibung bis zur zwölften Woche nach Einnistung der Eizelle in der Gebärmutter durch einen Arzt durchführen zu lassen. Auch eine Schwangerschaft infolge einer Vergewaltigung gilt laut Strafgesetzbuch als eine Ausnahme des Verbots. Genauso eine Schwangerschaft, die die Gesundheit der Mutter beeinträchtigen könnte. Der Gesetzgeber geht davon aus, dass auch Chromosomenstörungen des Kindes das Leben der Mutter in psychischer Hinsicht negativ beeinflussen können. Da präzise Diagnosen oft erst zu einem späteren Zeitpunkt der Schwangerschaft möglich sind, greift hier die Zwölf-Wochen-Regelung nicht. Letztmöglicher Termin ist dann die Geburt, die mit den einleitenden Wehen beginnt.

Praktiziert werden verschiedene Methoden. Die mit 75 % am häufigsten angewandte ist die sogenannte »Absaugung« zwischen der 6. und 12. Schwangerschaftswoche. Mit einer Art Staubsauger wird der lebende Embryo aus dem Uterus abgesaugt. Meist reißen die Arme und Beine zuerst ab, bevor der Kopf vom Rumpf getrennt wird. In manchen Fällen ist der Kopf jedoch schon zu groß für den Saugschlauch, sodass er manuell vom behandelnden Arzt zerstückelt werden muss.

Laut Statistischem Bundesamt sind 4 % aller jährlich in Deutschland durchgeführten Schwangerschaftsabbrüche Spätabtreibungen. Hierbei wird der Schwangeren ein Präparat verabreicht, das Wehen auslöst und somit eine Fehlgeburt einleitet. Um zu verhindern, dass das Kind die Geburt überlebt, wird eine Injektionsnadel durch die Bauchdecke der Mutter geführt und dem Fötus eine Kalium-Chlorid-Lösung direkt ins Herz injiziert, was einen Herzstillstand zur Folge hat.

An diesem einen Donnerstag vor mittlerweile sechs Wochen, dem errechneten Geburtstermin, als uns die Gynäkologin in die Klinik schickte, um die Geburt einzuleiten, hätte Nico nach deutschem Recht also die Möglichkeit gehabt, Yanti wegen möglicher psychischer Belastung abzutreiben. Selbst noch im Krankenhaus, bevor das Wehen fördernde Mittel Wirkung zeigte, hätte ihr zugestanden, die Schwangerschaft abzubrechen, unserem Kind eine Giftspritze verabreichen zu lassen. Vorausgesetzt, sie hätte durch einen Test von der Trisomie gewusst. Mir selbst wäre dabei, trotz anerkannter Vaterschaft, keinerlei Mitspracherecht eingeräumt worden.

Diese neuen Informationen verknäulen sich in meinen Gedanken, ich kann das alles kaum fassen, und ich spüre eine ohnmächtige Wut, während Yanti mir auf dem Wickeltisch ihre ersten Versuche des Lächelns präsentiert. Wir hatten keine weiteren Tests veranlasst, nachdem die Nackenfalte keine Auffälligkeiten zeigte. Wir waren uns einig, dass es nichts an unserer Entscheidung für ein gemeinsames Kind ändern würde. Heute bin ich froh darüber und möchte mir nicht ausmalen, wie sehr wir unter einer Diagnose im Vorhinein gelitten hätten. Wochen und Monate gemeinsames Bangen, die Entwicklung diverser Horrorszenarien auf meiner Seite, pränatale Depression bei Nico. Sie und ich haben Yanti unvoreingenommen in den Armen gehalten, sie angeschaut, an ihr gerochen. Diesen faszinierenden Moment hätten wir nie erlebt, wenn wir uns vor der Geburt auf ein Leben vorbereitet hätten, das uns vielleicht erschienen wäre wie eine Zwangsjacke. Leider hat diese verbreitete Vorstellung auch in mir gelebt. Nur langsam, Stück für Stück, befreie ich mich von ihr. Ein Lächeln hier, ein Jauchzer da, Yantis kleine Hand an meiner Nase – zum ersten Mal bewusst gesteuert. Wieso sollte dieses Leben keine Daseinsberechtigung haben? Wie könnten wir uns nicht an diesem Leben freuen? Yanti ist ein Glück für uns, kein Unglück.

Laut einer US-amerikanischen Studie von 2011 mögen 97 % der Menschen mit Downsyndrom sich selbst und wollen nicht ohne Downsyndrom leben. 96 % empfinden sich als gut aussehend, und 99 % bezeichnen sich selbst als glücklich. N e u n - u n d n e u n z i g P r o z e n t. Im Vergleich sind laut Happiness Index von 2016 gerade einmal 31 % der US-amerikanischen Normalbevölkerung mit ihrem Leben glücklich.

In Island gibt es durchschnittlich zwei Geburten von Kindern mit Downsyndrom im Jahr. Meist sind diese zwei das Resultat von Fehldiagnosen während der Schwangerschaft. Der Rest, nahezu 100 %, wird abgetrieben. Problematisiert wird diese Tatsache offenbar nicht. Im Gegenteil, gilt es doch als eine Stärkung der Frau, wenn sie über ihren eigenen Körper bestimmen kann. Auch Dänemark steuert auf ähnliche Zahlen zu und dürfte in naher Zukunft downsyndromfrei sein, genauso wie China.

Deutschland, Großbritannien und die USA haben Abtreibungsraten von um die neunzig Prozent bei pränatalen Downsyndrom-Diagnosen. Dabei sind die Ergebnisse von Fruchtwasseruntersuchungen nicht in hundert Prozent der Fälle richtig, was bedeutet, dass auch Schwangerschaftsabbrüche von rundum »gesunden« Kindern durchgeführt werden. Nicht zu vergessen die Fehlgeburten, die durch invasive Tests hervorgerufen werden. Doch auch diese Tests werden bald der Vergangenheit angehören, wenn neue Methoden, wie etwa Crispr, gesellschaftstauglich werden. Diese Methode erlaubt es, schon vor einer künstlichen Befruchtung der Eizelle mit dem Spermium die beschädigten Gene gegen funktionierende auszutauschen. Wer würde noch das Risiko einer Abtreibung eingehen, wenn das eigene Kind schon in der Petrischale auf Perfektion getrimmt werden könnte?

Gerne schmunzle ich über Verschwörungstheoretiker und Aluhutträger. Doch plötzlich finde ich mich selbst in dieser Schublade wieder. Wird eine Ausmerzung des dreifachen Chromosoms 21 und den davon betroffenen Menschen von unserem Staat gefördert? Immerhin übernehmen viele Krankenkassen die Kosten für eine Fruchtwasseruntersuchung bei schwangeren Frauen ab dem fünfunddreißigsten Lebensjahr. Aus ökonomischer Sicht ergibt es sicherlich Sinn. In einem Sozialstaat, der Benachteiligten unter die Arme greift, einer freien Marktwirtschaft, die von Konkurrenzkampf lebt, haben Menschen mit Downsyndrom keinen hohen Stellenwert.

»Manchmal habe ich das Gefühl, als würden Bekannte uns ein zweites, gesundes Kind wünschen, um sich endlich aufrichtig für uns freuen zu können«, sagt Nico, während ich in der Küche stehe und seit langer Zeit mal wieder etwas Frisches zubereite. Die Tiefkühltruhe, die wir vor der Geburt mit Vorräten bestückt hatten, ist leer, und die Konservendosen und Einmachgläser sind mittlerweile aufgebraucht, sodass heute der erste Einkauf anstand.

»Hmm?«, frage ich zurück, während ich konzentriert eine Zwiebel schneide und mir Tränen in die Augen schießen.

»Fast immer, wenn sich ein Gespräch um Yanti dreht, kommt von meinem Gegenüber irgendwann die Frage, ob wir noch ein zweites Kind planen – und dann heißt es, wie schön es wäre, mehr als eins zu haben. Als wollte er oder sie das Thema wechseln, über etwas Unproblematischeres reden.«

Ich lege das Messer beiseite.

»Und, willst du noch ein zweites Kind? Ich meine, für Yanti wäre es mit Sicherheit auch toll, einen Bruder oder eine Schwester zu haben. Meinst du nicht?«

»Ja, total. Aber ich habe Angst. Zum einen ist da die Geburt. Mir wurde immer gesagt, das sind wahnsinnige Schmerzen, aber dein Körper sorgt dafür, dass du sie vergisst, sobald dein Kind geboren ist. Aber so ist es nicht. Bei der Vorstellung, das noch mal durchzumachen, krieg ich sofort Krämpfe in der Magengegend. Aber da ist noch etwas anderes«, sagt sie langsam, nachdenklich.

Ich starre sie an und warte. Als nichts mehr kommt, frage ich nach. »Was ist da noch?«

»Yanti ist so entspannt und hat einen so liebenswürdigen Charakter. Auch wenn sie noch so klein ist, habe ich das Gefühl, dass sie nichts Gehässiges, Gemeines oder gar Bösartiges in sich trägt. Sie kommt mir manchmal vor wie ein Engel, der hier ist, um uns zu zeigen, was bedingungslose Liebe bedeutet.« Nico hat die Hand auf ihre Brust gelegt, dort, wo ihr Herz schlägt. »Wenn sie auf meiner Brust einschläft, ihr Herz genau auf meinem liegt, dann habe ich das Gefühl, dass wir noch verbunden sind, wie in der Schwangerschaft, dass wir eins sind. Ich liebe dieses kleine Wesen so sehr – beinahe hab ich Angst davor, dass unser zweites Kind normal wäre. Vielleicht könnte ich nicht so viel Liebe für dieses Kind empfinden wie für Yanti.«

Nico hat Tränen in den Augen. Yanti liegt neben ihr auf der Couch in einem weichen Schlafsack und träumt davon, gestillt zu werden. Zumindest deute ich ihre nuckelnden Mundbewegungen dahingehend. Mit einer ungeschickten Handbewegung wische ich eine Metallschüssel von der Anrichte, die daraufhin scheppernd zu Boden fällt.

»Mist!«, fluche ich leise.

»Hast du das gesehen?«, fragt Nico aus dem Wohnzimmer.

Ich schaue sie an, während sie neben Yanti sitzt, die sich nun nach ihrem Mittagsschlaf zu strecken beginnt.

»Was denn?«

»Sie ist zusammengezuckt und dann aufgewacht.«

Nico schaut mich mit großen Augen an.

»Tut mir leid, ich hab die Schüssel nicht gesehen, weil meine Augen nach dem Zwiebelschneiden so gebrannt haben.«

»Nein, nein, das meine ich nicht«, sagt sie aufgeregt. »Yanti ist bei dem Geräusch zusammengezuckt. Sie kann hören. Sie ist nicht taub!«

Nachdem zwei noch im Krankenhaus durchgeführte Tests negativ ausgefallen waren und auch ein weiterer in einer Spezialklinik, hatten wir uns schon mit der Tatsache abgefunden, dass unsere Tochter womöglich niemals unsere Stimmen hören würde und wir sie niemals in den Schlaf singen könnten. Ein Leben, integriert in die Gesellschaft, wird ihr schwer genug fallen, aber zusätzlich auch noch taub – wie sollte das machbar sein?

Viel schlimmer noch als gesellschaftliche Ausgrenzung muss die Ablehnung durch engste Vertraute sein. Ich erinnere mich an die erste Nacht nach Yantis Geburt, in der ich grübelte und Zwiegespräche führte. Unter anderem keimte in dieser Nacht auch die Angst auf, meine oder Nicos Familie könnten Yanti ablehnen. Schließlich hatte ich von ähnlichen Fällen gehört, in denen die eigene Familie den neuen Eltern und ihrem Sprössling den Rücken kehrte. Wenn ich heute darüber nachdenke, erscheint es mir absurd. Kurz nach der Geburt überbrachten wir unseren Eltern und Geschwistern telefonisch die Nachricht, dass Yanti kein Kind wie jedes andere ist. Mein Vater, meine Mutter und mein Bruder, Nicos Eltern und Geschwister, alle beglückwünschten uns, schickten unterstützende Worte und kündigten ihre Besuche an. Unsere Eltern traten die lange Reise an, noch während Yanti im Krankenhaus war. Auch Nicos jüngere Schwester kam den langen Weg aus Konstanz nach Berlin gefahren, um Yanti zu begrüßen. Ohne ihre Unterstützung hätten wir es bestimmt nicht geschafft, so früh schon neuen Mut zu schöpfen.

Selbst als wir unseren Wunsch nach weiteren Reisen verkünden, gibt es von allen Seiten Zustimmung.

»Ach, das wird ihr bestimmt gut gefallen am Strand. Mit Sonnenbrille und alkoholfreier Piña Colada. So kann ich mir sie richtig gut vorstellen«, scherzt Nicos Mutter. Ihre Reaktion macht Hoffnung, dass das neue Familienmitglied nicht für immer Sorgenkind bleibt.

Mein Vater schwillt schon beim ersten Videotelefonat vor Stolz an.

»Dann wird Yanti wohl das erste Surfer-Girl mit Downsyndrom. Finde ich super«, sagt er und macht dabei den Eindruck, als könne er es kaum erwarten, ihr zuzujubeln, so wie er es bei mir und meinem Bruder jahrelang am Rande diverser Fußballfelder getan hat.

Im Kampf braucht man Unterstützer, und in unseren Familien werden wir sie haben. Diese Gewissheit ist der wichtigste Baustein unserer Gelassenheit. Darüber bin ich mir mittlerweile im Klaren.

Doch unsere Eltern und Geschwister sind nicht die Einzigen, deren Unterstützung wir bei unserem Reisevorhaben benötigen.

»Wir hätten da noch eine Frage. Haben Sie Bedenken, wenn wir mit Yanti verreisen? Dem Winter entfliehen, ans Meer, in die Sonne?«, fragt Nico den Kinderarzt während einer Routineuntersuchung. Mit unserem Kind gemeinsam auf Reisen zu gehen war schon vor der Schwangerschaft unser Wunsch gewesen.

Doch wie wir von Schwester Marion gelernt haben, ist Elternsein kein Wunschkonzert. Deswegen haben wir so angespannt auf diesen Arztbesuch hingefiebert, vor allem darauf, wie die Antwort des Arztes ausfiele.

»Überhaupt keine Einwände, im Gegenteil. Das wird ihrer Lunge guttun.«

Ich merke, wie Nico sich um Fassung bemüht, obwohl sie am liebsten eine Jubelarie anstimmen würde.

»Sie müssen nur schauen, dass Yantis Nase während des Fluges frei ist. Geben Sie ihr vor dem Start und vor dem Landeanflug abschwellende Nasentropfen, und stillen Sie die Kleine. Kinder in dem Alter können noch keinen Druckausgleich bewältigen, und Schlucken hilft dabei. Da ihre Gehörgänge sehr verengt sind, könnte der Druckabfall sonst Schäden nach sich ziehen. Schlimmstenfalls einen Riss im Trommelfell«, klärt er uns auf. »Und ich empfehle, alle Impfungen vor Abflug zu machen.«

Auch die Physiotherapeutin bestärkt uns in unseren Plänen: »Sehr gut. Je weniger Klamotten sie anhat, desto besser für ihre körperliche Entwicklung. So dick eingepackt im Winter, da bewegt sich doch niemand gern. Vorher zeige ich Ihnen noch ein paar Übungen, die Sie mit Yanti machen können.«

Während Yantis Herzfrequenz auf den Ultraschallmonitor übertragen wird, erklärt die Kardiologin: »Das sieht gut aus. Hier sehen Sie, dass das *Foramen ovale*, das kleine Loch im Herzen, noch leicht geöffnet ist, aber ich bin guter Dinge, dass es sich von selbst schließen wird. Eine OP wird dann nicht nötig sein. Wo möchten Sie denn hin?«

»In die Karibik«, antworten Nico und ich im Chor.

»Oh, da wünsche ich Ihnen viel Spaß. Wir können dann nach Ihrer Rückkehr noch mal schauen, ob das kleine Herz schlägt, wie es soll.«

Ich hatte mit mehr Gegenwind gerechnet, mich schon innerlich auf einen Kampf gegen alle Konventionen eingestellt und mir ein Plädoyer für die Unvernunft zurechtgelegt. Wer hätte gedacht, dass uns die Ärzte die besten Argumente liefern würden. Und wer würde es wagen, den Halbgöttern in Weiß zu widersprechen. Es ist beinahe, als wäre Yantis Behinderung ein Freiticket in den Vergnügungspark. Yanti ist gewissermaßen unser Spaßabo, denke ich leicht belustigt, außer Konkurrenz und ohne zeitlichen Rahmen. Anstatt eine Zwangsjacke, wird Yanti unsere Freiheit sein.

Kurz vor unserer ersten gemeinsamen Reise zu dritt schaue ich hinab auf meine nackten Füße. Der Nagel des zweiten Zehs am linken Fuß hat sich eben gelöst. Nach meinem Gewaltmarsch mit Daniel durch Berlin hatte er sich blau verfärbt, und jetzt, zwei Monate später, halte ich ihn in der Hand. Das Relikt meines alten Lebens, so etwas wie ein Abzeichen, eine Medaille des Verfalls. Ich könnte mir den dunkellila, fast schwarzen Nagel unters Kopfkissen legen und darauf hoffen, dass die Zahnfee auch eine Nagelfee ist – oder das Teil an einer Schnur auffädeln und zur Erinnerung um den Hals tragen. Gesellschaftstauglich wäre das sicher nicht, aber muss ich dieses Attribut als Vater einer behinderten Tochter nicht ohnehin aufgeben?

Was hätte, wäre, wenn? Vor Yantis Geburt hätte ich schwören können, dass mich diese Gedanken nach so einer Diagnose lange verfolgen würden. Warum wir? Warum unsere Tochter? Schon jetzt sind diese Fragen bedeutungslos geworden. Was ich einst als Benachteiligung angesehen habe, verwandelt sich mit jedem Lebenstag meiner Tochter mehr und mehr ins Gegenteil. Schule? Vielleicht. Sportverein? Wenn sie Lust darauf hat, klar. Konkurrenzkampf auf dem Arbeitsmarkt? Ich könnte darüber lachen. Ein Leben voller Trauer? Darüber zu lachen wäre noch untertrieben. Yantis Geburt hat etwas beinahe Folgerichtiges, Befreiendes – sie ist die Antwort auf mein bisheriges Leben inmitten einer Gesellschaft, vor der ich immer wieder fliehen musste, weil sie drohte, mich zu erdrücken. Ich bin nicht mehr der Journeyman von damals, der in Eigenregie den ständigen Aufbruch ins Neuland sucht. Das habe ich nicht nur begriffen, sondern ohne das vorweggenommene Bedauern akzeptiert, ohne inneren Kampf und falsche Nostalgie. Ich bin von nun an Yantis Papa. Vor uns breitet sich eine Landkarte voll weißer Flecken aus, und gemeinsam werden wir die Welt neu entdecken.

IV

YANTIS REISEN

HÄNGEMATTENBLUES

Dominikanische Republik,
Frühjahr 2017

Es hätte fast schon gespenstisch angemutet, wäre alles so gelaufen wie erhofft.

Kurz vor dem geplanten Abflug nach Silvester fängt Yanti an zu husten. Ihr kleiner Körper kämpft von Tag zu Tag mehr, um ausreichend Luft in die schwachen Lungen zu pumpen, und sie wird zunehmend lethargisch. Obwohl sie täglich mit Salzwasserlösung inhaliert hat, muss Yanti drei Monate nach ihrer Geburt erneut ins Krankenhaus, und Nico und ich fürchten, dass sie nach der Untersuchung nicht entlassen wird. Als die Ärztin einen zu niedrigen Sauerstoffwert im Blut feststellt, werden wir gebeten, Yanti umgehend auf die Station zu bringen, wo sie ihre erste Silvesternacht ermattet verschläft. Wieder sind wir am Anfang angekommen – so fühlt es sich an.

Am Neujahrsmorgen steige ich in meine festen Winterschuhe und drehe eine Runde im Wald, vorbei an den Fischteichen, dem Moor und der verfallenen Hütte, die immer noch dort steht, und erreiche die alte Eiche. Über die Bäume und Sträucher, die Wiese und die Straße hat sich ein weißer Film aus Frost gelegt, als wäre alles um mich herum in ein seidenes Tuch gewickelt. Der alten Eiche wurden, wahrscheinlich noch im Herbst, die langen, knorrigen Äste gestutzt, und so steht sie winterlich karg und kümmerlich vor mir, traurig fast, dass keine Kinder mehr in ihr herumklettern. Ich frage mich, ob Yanti jemals dort hinaufklettern könnte. Vielleicht werde ich sie eines Tages mit hochnehmen. Vorausgesetzt, ich schaffe das dann selbst noch.

Wie jeden Tag fahre ich auch heute, zum Jahresbeginn, ins Krankenhaus zu meiner Familie. Yanti zeigt kaum Besserung in ihren Blutwerten und ringt sichtbar nach Luft. Nach fünf Tagen Kampf gegen eine Bronchitis steckt sich unsere Tochter bei ihrem einjährigen Zimmernachbarn zusätzlich mit einer Lungenentzündung an, sodass sie auf die keimfreie Neugeborenenstation verlegt wird und nurmehr Antibiotika helfen. Obwohl Yanti gestillt wird und ihr Immunsystem durch Nicos Muttermilch somit einen Schub bekommt, ist es noch nicht stark genug, um gegen gemeine Viren und Bakterien anzukommen.

»Wenn wir hier raus sind, müssen wir sobald wie möglich in die Tropen. Für Yanti und auch für uns.« Nach über einer Woche an Yantis Seite auf der Neugeborenenstation ist Nico sichtlich geschlaucht. Ich nicke heftig zustimmend. Der Gedanke an windschiefe Kokospalmen, türkisblaues Wasser, Wellen, Sand und Yanti, wie sie ohne Zwiebelschalenkleidung das Leben genießen kann, lässt mich wohlig erschauern.

Nach zehn Tagen ist der Spuk vorbei, doch Yantis Lunge rasselt und fiept weiterhin, als würde sie lautstark um etwas anderes als trockene Heizungsluft betteln. Der Januar hält literweise Regen bei knapp über null Grad für eine gute Idee, sodass wir uns zum Monatsende in die Maschine Richtung Dominikanische Republik setzen. Yanti hat erneut angefangen zu schnupfen und zu husten, und wir sind uns einig, wenn wir jetzt nicht den Absprung schaffen, sind wir in ein paar Tagen wieder im

Krankenhaus. Vermutlich würde sich dieser Kreislauf so lange wiederholen, bis der Sommer irgendwann in Berlin einkehrte und die Grippeviren wie Zugvögel Richtung Norden zögen. Auch wir tun es heute den Zugvögeln gleich und starten die Reise in wärmere Gefilde. Nach Faunagesetz deutlich verspätet, jedoch möglicherweise zu früh für Yantis Zustand.

»Ihre Nase ist komplett zu. Ich habe Schiss, Fabian.« Nicht nur Nico ist angespannt. Auch ich kann mich kaum meiner eigenen Flugangst widmen.

»Wir machen das einfach, wie der Kinderarzt gesagt hat. Gleich die abschwellenden Nasentropfen rein, und dann lassen wir über den Bildschirm den Flugstatus laufen, sodass wir die Höhenmeter angezeigt bekommen. Wir steigen auf fast zwölf Kilometer Höhe. Wenn du Yanti alle eintausend bis zweitausend Kilometer für ein paar Schlucke andockst, sollte sie erst fertig gestillt sein, wenn wir die Reiseflughöhe erreicht haben«, erkläre ich. Vor unserer Reise habe ich es genau durchgerechnet und kann nur hoffen, dass meine Gleichung aufgeht.

Auf dem Rollfeld legt Nico Yanti an ihre Brust. Wir heben ab. Yanti trinkt und gleicht mit dem Schlucken der Muttermilch den Druck aus, lässt sich dadurch nicht aus dem Konzept bringen, trinkt in aller Ruhe weiter, als sie kurz vor dem Durchstoßen der Wolkendecke erneut Milch bekommt, und wartet dann wieder. Sie schaut zu mir herüber, schenkt mir ein verschwörerisches Lächeln, gleich einer beruhigenden Geste, sodass ich etwas entspannter in meinen Sitz sinke. Zum ersten Mal registriere ich bewusst, wie es in meinen Ohren knackst und knistert, und kann es durch eine leichte Kieferbewegung stoppen. Als es wieder anfängt, reagiere ich bewusst nicht, um zu erfahren, wie das wohl ist, wenn man den Druckausgleich nicht ausführt.

»Andocken!«, sage ich zu Nico, während ich auf dem Bildschirm die nächsten dreitausend Höhenmeter ablese. Ohne es zu wollen, habe ich automatisch meinen Kiefer bewegt, als wäre es ein ganz natürlicher Reflex. Nicht auszumalen, wie qualvoll sich ein langsam überdehnendes Trommelfell anfühlen muss, bis zu dem Moment, wenn es platzt.

»Einen wunderschönen Vormittag aus dem Cockpit, wir erreichen in Kürze unsere Reiseflughöhe. Bitte bleiben Sie so lange sitzen, bis die Anschnallzeichen erloschen sind. Anschließend serviert unsere Crew Ihnen Snacks und Getränke. Ich wünsche Ihnen einen angenehmen Flug bei uns an Bord«, schallt es nasal aus den Lautsprechern.

Yanti ist mittlerweile eingeschlafen, und ich würde mir nichts sehnlicher wünschen, als nur ansatzweise das Level an Gelassenheit meiner Tochter zu erreichen.

Spätestens, als ein Pick-up-Truck ächzend und klappernd vor der Ankunftshalle in Puerto Plata hält, kommen die Erinnerungen hoch, und das bestätigende Gefühl, dass wir in der unbedarften Inselkultur angekommen sind, verfestigt sich. Ciccio ist der Besitzer des Trucks, ein alter Freund und ehemaliger Kollege von Nico. »Ciao, ragazzi!«, empfängt er uns mit weiten Armen, um uns alle drei zu drücken. Ciccio ist vor ein paar Jahren hierher ausgewandert. Für die Zeit unseres Aufenthalts wird er nach Brasilien reisen, um die Küste von Norden nach Süden zu besurfen. Unterdessen werden wir seinen Haushalt übernehmen, inklusive zweier Hunde und einer Katze. Wir schmeißen unser Gepäck auf die Ladefläche, versuchen so gut es geht, Yantis Babyschale mit dem defekten Sitzgurt auf dem sandigen Stoffsitz zu befestigen, und jagen mit standlichtähnlicher Beleuchtung durch die nächtlichen Dörfer der Nordküste, vorbei an gleich zwei fatalen Unfällen, bis wir im ruhigen Teil von Cabarete ankommen, direkt neben einer Lagune. Dies wird unser Zuhause sein für die kommenden drei Monate. Eine große Erdgeschosswohnung mit angrenzendem Garten samt Kokospalmen, Mila, der großen stolzen Hündin, Capitán Peq, dem kleinen Zotteligen mit Welpenstatus, und Aloha, der Katze, die mich in ihrer entspannten Art sofort an Yanti erinnert.

Es erscheint mir jedes Mal aufs Neue merkwürdig, wie leicht es ist, sich in kürzester Zeit kulturell zu häuten, die Konventionen des letzten Standorts abzustreifen und neue Rituale zu entwickeln. Der Jetlag hilft mir, abends früh ins Bett zu gehen, die Wellen am benachbarten Strand von Encuentro wirken im Morgengrauen wie ein exakt gestellter Wecker. Nico und ich wechseln uns ab. Einen Tag stehe ich um sechs Uhr auf und genieße den Sonnenaufgang im Wasser, bis Nico an der Reihe ist, am nächsten Tag läuft es umgekehrt. So bleibt immer einer von uns bei Yanti und schlendert in der frischen Morgenluft mit ihr und den Hunden durch die mit Mango-, Avocado- und Flamboyanbäumen gesäumten Gassen. Am späten Vormittag setze ich mich an den Computer, um ein Projekt für einen deutschen Arbeitgeber fertigzustellen, jedoch in einem Modus, der es mir erlaubt, den Mittagsschlaf gemeinsam mit Yanti in der Hängematte zu verbringen – tranquilo.

Die Dominikaner pflegen einen offenen Umgang miteinander, frei von der in Deutschland allgegenwärtigen Angst, jemandem auf die Füße zu treten. So werden Spitznamen nach Äußerlichkeiten oder Charaktereigenschaften vergeben. Ein übergewichtiger Nachbar wird allen als »El Gordo«, der Dicke, bekannt sein, die Älteste im Dorf nennt man »La Doña«, und der selbst ernannte Ortsvorsteher, der sich um die Angelegenheiten der Gemeinschaft kümmert, heißt »El Jefe«, der Chef.

»Yanti würde man wahrscheinlich irgendwann ›La China‹ nennen, ihrer Augen wegen«, meint Nico, die ihren eigenen Spitznamen »La Rubia«, die Blonde, trägt. Als wir uns jedoch in einem kleinen Geschäft die Zeit vertreiben, spricht der Verkäufer Nico an, die Yanti im Tragetuch am Körper trägt.

»So eine Niedliche, wie alt ist sie denn?«, fragt er.

»Gerade vier Monate geworden. Sie ist etwas klein für ihr Alter«, erklärt Nico.

»Sie ist ein spezielles Mädchen, richtig?«, fragt er, »una niña especial«, und präsentiert damit unumwunden die schönste Formulierung, mit der Trisomie 21 bisher in meiner Gegenwart benannt wurde. »Meine Cousine hat auch das Downsyndrom. Manche Leute sagen, sie würde nicht viel draufhaben, aber wenn ich irgendeine Frage habe, gehe ich zu ihr. Von ihr bekomme ich immer eine Antwort«, fügt er hinzu.

Egal wohin wir gehen, Menschen kommen zu uns, beglückwünschen uns zu unserem Nachwuchs und wollen Yanti auf dem Arm halten. Ganz gleich, ob sie begreifen, dass Yanti anders ist, für die Menschen hier ist sie in allererster Linie ein Baby und bekommt alle Aufmerksamkeit, die ihr nach landestypischen Gesetzen zusteht. Wenn ich an Berlin zurückdenke mit all seinen Vorteilen, staatlicher finanzieller Unterstützung, Therapien für alle körperlichen und geistigen Belange sowie ärztlicher Versorgung erster Güte, ist mir jetzt vor allem die Zurückhaltung der Menschen auf der Straße, im Supermarkt oder der U-Bahn im Gedächtnis, wenn ich Yanti im Tragetuch mit vor die Tür nahm. Das mitleidige Starren und Abwenden des Blicks, sobald ich ihnen ins Gesicht sah. Hier habe ich zum ersten Mal das Gefühl, dass man sich wahrhaftig für uns freut.

Und nicht nur wir haben unsere Freude an den neuen Umgangsformen. Yanti atmet schon nach zwei Wochen in der Meeresluft viel freier, fängt an, befreit von schweren Klamotten, sich in alle Richtungen zu drehen und vergnügt zu quietschen. Immer häufiger nehmen wir sie mit an den Strand, wo sie es uns gleichtut und gebannt die brechenden Wellen beobachtet. Wie damals in Bali sitzen wir nun zu dritt unter Palmen und vergessen die Zeit, die es gebraucht hat, um hier anzukommen.

Als mein Bruder und ich klein waren, hatte meine Mutter immer ein paar Sprüche zur Hand, die sie gebetsartig aufsagte, wann immer sich die Gelegenheit dazu bot. Als ich schon zur Schule ging, kommentierte sie gerne aus dem Hintergrund: »Leichte Schläge auf den Hinterkopf erhöhen das Denkvermögen«, dicht gefolgt von »DBDDHKPSAV« (Dumm bleibt dumm, da helfen keine Pillen, selbst Aspirin versagt) und »Hatschi, mein Schatschi«. Bis auf Letzteren galten ihre Sprüche nie uns direkt, sondern wurden in einem verschwörerischen Ton über andere gesagt, die es auch unserer Kindermeinung nach verdient hatten. Lehrer waren ein beliebtes Ziel. Es galt, den Bund zwischen Mutter und Söhnen zu stärken, und es funktionierte hervorragend. Auch wenn ich oft augenrollend den Blick abwendete, gefiel es mir, wenn sie uns auf diese Weise beisprang. Vor allem der Satz mit den leichten Schlägen auf den Hinterkopf blieb mir in Erinnerung, weil ich mich oft fragte, ob das wirklich funktionierte, wissenschaftlich bewiesen war.

Ausgerechnet jetzt fällt mir die Redewendung ein, jetzt, da wir wieder in dem Behandlungszimmer einer Kinderklinik stehen. Tausende Kilometer entfernt von der beruhigenden Professionalität deutscher Ärzte. Heute wird Yanti ihre Chromosomenabnormität und die damit einhergehende Schwäche des Immunsystems nicht zum Verhängnis. Im Gegenteil – vielleicht hat sie irgendwie von ihrem geringen Gewicht profitiert. Vor zwei Stunden kam Nico panisch aus dem Schlafzimmer gestürmt.

»Fabian, Faaaaaabian!«, schrie sie, während ich kurz vor dem geplanten Aufbruch zu einem Besuch in die Landeshauptstadt Geschirr spülte.

»Was ist los?«, antwortete ich erschrocken. Auch unser Gast, Luis José, ein alter Freund von Nico aus Santo Domingo, der uns über das Wochenende besuchte, war sofort bei uns in der Küche, plapperte auf Spanisch aufgeregt auf uns ein.

»Sie ist gefallen. Fabian, sie ist gefallen.« Nicos Atem ging schnell, die Angst nahm ihr die Luft. Yanti schrie, wie ich sie noch nie hatte schreien hören.

»Soll ich sie nehmen, um sie zu beruhigen?«

»Nein! O mein Gott. Was sollen wir machen?«

»Sie scheint nicht so viel abbekommen zu haben«, bemühte ich mich, die aufgelöste Mutter meiner Tochter zu beruhigen, während ich Yantis Hinterkopf abtastete, die immer noch schrie und somit Nicos Panik verstärkte, die wiederum Yanti das Gefühl gab, dass definitiv etwas Schlimmes passiert sein musste.

»Lass uns mal ins Schlafzimmer gehen«, schlug ich vor, da auch Luis José mit seinem mir unverständlichen spanisch-karibischen Kauderwelsch anfing, mich nervös zu machen.

»Also, sie lag hier … ich hab das gar nicht mitbekommen.« Sie zeigte auf den Boden, während ich beide umarmte. Nico zitterte am ganzen Körper. »Sie ist vom Wickeltisch gefallen.« Und plötzlich spürte ich, wie sich die Haut um meinen Schädel zusammenzog und mir im Magen flau wurde. Ich blickte zu dem Regal, das wir umfunktioniert hatten, um Yanti die Windeln zu wechseln und mit ihr die Physiotherapie machen zu können. Ungefähr einen Meter zwanzig hoch, darunter nackter, glatter Fliesenboden. Wieder begutachtete ich Yantis Stirn, Schläfen und Hinterkopf sowie ihre Fontanelle.

»Da wächst eine Beule auf der Stirn.« Ich versuchte, meiner Stimme einen ruhigen Klang zu geben. »Ich nehme sie mal in den Arm.«

Nico überreichte mir Yanti und brach in Schluchzen aus.

»Ich hab nur kurz nach dem Schnuller gegriffen. Wie kann das sein? Ich habe doch nur einen Moment weggeschaut.«

»Ich weiß es nicht«, war das Einzige, was ich hervorbrachte.
»Egal was passiert, Nico, ich mache dir keine Vorwürfe. Das
hätte genauso gut mir passieren können.«

Yanti hatte sich beruhigt und war in meinen Armen eingeschlafen.

»Das ist nicht gut, sie darf nicht einschlafen, wir müssen sie
wach halten«, stotterte Nico.

»Yanti, hallo, Yantiiii.« Ich war versucht, sie zu schütteln,
kannte aber aus dem Säuglings-Erste-Hilfe-Kurs die eindring-
lichen Warnungen.

»Sollen wir ins Krankenhaus?« Nico nickte und wischte sich
entschlossen die Tränen von der Wange.

Natürlich hatten wir vor unserer Reise die Krankenhäuser
gewissenhaft überprüft. Nachdem wir uns einen Überblick verschafft hatten, hofften wir darauf, dass es nicht zu einem Notfall kommen würde, denn die nächstgelegene Pediatrie nach
westlichen Standards liegt etwa drei Autostunden entfernt von
Cabarete, in der zweitgrößten Stadt des Landes, Santiago de los
Caballeros, im Hochland der Insel. Die nächstgelegene Notfall-
klinik nahe Sosua war keine Option. Zu viele Erzählungen von
falsch zusammengeschusterten Knochenbrüchen und Notfall-
unterversorgung hatten uns schon damals abgeschreckt. Die
zweitschlechteste Option stellte sich als die Klinik Bournegal in
Puerto Plata heraus. Eine Stunde Fahrtzeit, am Sonntagnachmittag vielleicht nur fünfundvierzig Minuten. Hier sollte es zumindest eine Notfallambulanz speziell für Kinder geben. Und
obwohl die Bewertungen und Patientenstimmen on- und offline
nicht berauschend waren, mussten wir darauf hoffen, dass am
heutigen Tag fähige Leute Schicht hatten.

Als ich Yanti in der Babyschale aus dem Auto hob, wachte sie
auf und lächelte mich verschlafen an. Ein Lächeln, mit nichts
aufzuwiegen. Sie lebt, sie sieht mich, und sie lächelt. »Alles halb

so wild«, sagte mir dieses zahnlose, rosig verbeulte, schwitzende kleine Gesicht.

Das Behandlungszimmer ist mit einem weißen Vorhang zweigeteilt. Nebenan liegt ein schwer kranker Junge mit Was-weiß-ich-für-Viren.

»Hier, kannst du den Hasen machen?« Nico hat erst den Bereich rund um die Babyschale und dann ihre Hände desinfiziert, jetzt reicht sie mir das Spray und Mr. Hase, Yantis Lieblingskuscheltier. Nachdem sich Yanti während des letzten Krankenhausaufenthalts mit einer Lungenentzündung angesteckt hatte, müssen wir ihrem Immunsystem unbekannte Viren großflächig fernhalten. Im Vergleich mit der Station auf Bali wirkt das dominikanische Krankenhaus wie eine hochtechnologische Vorzeigeklinik. Aber es geht hier eben nicht um uns, sondern um unsere Tochter. Eine dieser Tatsachen, die ich mir vor meiner Vaterschaft nicht so vorgestellt hatte: Die Sorge um das eigene Kind kann man nicht unterdrücken. Sie schleicht sich einfach ein, ohne dass man es mitbekommt. Und plötzlich befindet man sich unterlippenkauend auf dem Weg ins Krankenhaus und versucht alle möglichen Horrordiagnosen aus seinen Gedanken zu verbannen.

Die Wartezeit ist kurz, anscheinend denkt auch die dominikanische Krankenschwester, dass ein Meter zwanzig eine gewaltige Sturzhöhe für einen sechzig Zentimeter großen Säugling darstellt. Sie bittet uns gleich in den Röntgenraum.

»Legen Sie sie hier drauf, bitte, mit dem Kopf in diese Richtung«, weist uns die Radiologin an. »Wir machen jetzt schnell zwei Aufnahmen, damit wir Gewissheit über mögliche Knochenbrüche haben.«

»Sollen wir rausgehen?«, fragt Nico.

»Nein, Sie müssen die Kleine ja festhalten.« Jetzt klingt sie beinahe belustigt, als fände sie es nun nicht mehr verwunderlich, dass die Kleine gestürzt ist.

»Bekommen wir keine Bleischürzen?«, stellt Nico der Radiologin ihre nächste Frage.

»Eine ... was?«

»Eine Bleischürze, wegen der Strahlung.«

»Nein, so etwas haben wir nicht«, lautet ihre Antwort, und wieder scheint sie belustigt über die merkwürdigen Ausländer. Ich weiß zwar nicht, ob die Bleischürze auch heute noch einen Bestandteil des Röntgenprozesses bildet, aber als Kind und Jugendlicher bekam ich immer dieses schwere Ding um die Taille geschnallt. Sie selbst scheint in der ionischen Strahlung keine Gefahr zu sehen. Und da sie mindestens vierzig Jahre alt ist und putzmunter wirkt, nehme ich an, dass wir diese zwei Röntgenbilder auch ohne Bleischürze überstehen werden.

Wir werden ins Wartezimmer geschickt. Während ich mich bemühe, Yanti bei Laune zu halten, diskutieren Nico und Luis José mit der Anmeldekraft über die Abwicklung der Bezahlung. Es scheint, als gäbe es einen Alarm, der ausgelöst wird, sobald die Wörter »Internationale Krankenversicherung« fallen. Wir geben an, dass Yanti solch eine besitzt, wir aber vorab bar bezahlen würden, wie dies üblich sei. Doch die Dame bei der Anmeldung besteht auf einer Kreditkarte, da man das sonst nicht abrechnen könne.

»Dann schreiben Sie einfach auf den Anmeldebogen, dass wir keine Versicherung haben und in bar bezahlen. So wie ein Großteil der Bevölkerung hier auch«, bittet Nico.

»Das geht leider nicht, da das schon im System ist.«

»Ändern Sie es einfach wieder.« Luis José klingt bestimmt.

»Das geht nicht. Ich rufe den Chef an, der kann euch das erklären.« Das Gespräch endet abrupt, da wir zurück ins Behandlungszimmer gerufen werden. Yanti scheint der Trubel nichts auszumachen. Sie liegt gemütlich in ihrer Babyschale, kaut genüsslich auf Mr. Hases Ohren und grinst zwischendurch unter ihrer blau angelaufenen Beule hervor.

Der Arzt testet Yantis Reflexe, schüttelt Arme und Beine. Leuchtet ihr in die Augen, schaut in den Rachenraum und tastet den Schädel rund um die Fontanelle und die vermeintliche Aufschlagstelle ab.

»Hm, hm, aus über einem Meter ist sie gefallen? Hmm.« Er dreht sie auf den Bauch. Yanti gluckst vergnügt.

»Sie hat sich nicht übergeben und war nicht bewusstlos? Verhält sich seither normal? Einen Meter zwanzig, hm, hmm.« Er scheint verwundert. »Die Röntgenaufnahmen zeigen keinerlei Frakturen. Es scheint alles intakt. Bitte beobachten Sie das Kind die nächsten achtundvierzig Stunden, achten Sie auf Auffälligkeiten, und kommen Sie wieder, falls Ihnen irgendwas verdächtig erscheint. Wir werden aufgrund der hohen Strahlenbelastung keine Computertomografie veranlassen, können aber derzeit innere Blutungen im Schädelbereich nicht ausschließen. Das heißt: Unbedingt beobachten und bei jeglichen Auffälligkeiten sofort wiederkommen!« Damit verabschiedet er sich in den Sonntagnachmittag. Eine beruhigende Nachricht, gefolgt von Psychoterror. Innere Blutungen? Schlimmer geht es wohl kaum. Sanft hebe ich Yanti wie ein rohes Ei vom Behandlungstisch zurück in die Babyschale. Dabei krallt sie sich in meinen Bart und versucht mir übers Gesicht zu lecken. Keine Anzeichen von Verhaltensauffälligkeit also.

Noch während der Behandlung kam die Anmeldekraft mit einem Handy in den Behandlungsraum, um es Nico zu überreichen. Seither diskutiert sie mit dem Chef der Buchhaltung, der mit seiner Kollegin übereinstimmt, dass man die Info »versichert« nicht mehr ändern könne. Nico gibt auf. Auch aus Erleichterung über Yantis vorläufig positive Diagnose.

»Die werden uns wahrscheinlich den dreifachen Betrag vom Kreditkartenkonto abheben, aber das ist mir jetzt egal. Hauptsache, Yanti geht es gut.«

Doch Luis José kann das nicht auf sich sitzen lassen. Es folgt eine spontane Brandrede gegen Korruption in seinem Land und für Gleichbehandlung aller, mitten im Empfangsbereich. Unser Freund fuchtelt mit den Armen, gestikuliert mit hoch erhobenem Zeigefinger. »Wegen solcher Leute wird sich die Situation in diesem Land niemals ändern«, beendet er den Monolog, als eine weitere Mitarbeiterin den Empfangsbereich betritt.

»Was ist denn los?«, wendet sie sich an die Frau hinter der Anmeldung. Die erklärt ihr daraufhin das Dilemma.

»Aber das ist doch kein Problem, das kann man doch ganz einfach im System ändern.« Verhaltenes Schweigen bei ihrer Kollegin.

»Ja, ich weiß«, murmelt sie. »Aber damit würde ich doch den Chef übergehen«, gibt sie nun zu.

»Ach, ich mach das schnell«, erlöst die andere sie.

Aber Luis José hat noch nicht genug.

»Ich habe mal in einem medizinischen Labor gearbeitet. Ich weiß, wie teuer eine Röntgenaufnahme ist. Und auch eine ärztliche Behandlung. Was da auf der Rechnung steht, ist viel zu viel.«

»Lass gut sein, Luis José«, beruhigt ihn Nico. »Wir möchten nur noch nach Hause.«

In den folgenden Nächten ist nicht an Schlaf zu denken. Das hat zum einen damit zu tun, dass wir Yanti alle zwei Stunden in die Augen leuchten, um sicherzustellen, dass ihre Pupillen gleichmäßig reagieren, und so eine Gehirnblutung auszuschließen. Zum anderen liegt es an den nächtlichen Besuchern der rolligen Hauskatze Aloha. Gleich drei Minnesänger stehen mal

abwechselnd, mal gleichzeitig vor der Gartentür unseres Schlafzimmers, um ihre Angebetete von ihren Qualitäten zu über-
zeugen. Dabei verwechseln sie anscheinend Yantis fröhliches
Gebrabbel mit Alohas Lauten, die ihre Bereitschaft zur Paarung
bekunden sollen. Denn von Aloha ist keine Spur zu sehen. Die
hat sich vermutlich mit einem vierten Anwärter heimlich in ihr
Liebesnest zurückgezogen. Und so streiten sich die drei auf den
Leim gegangenen Kater mehrere Nächte um ein Menschenbaby.

»Leichte Schläge auf den Hinterkopf erhöhen das Denkvermögen.« Es mutet tragikomisch an, was mit Yanti seit ihrem
Sturz vom Wickeltisch geschehen ist. Er scheint einen Entwick-
lungsschub ausgelöst zu haben. Plötzlich hat sie Fähigkeiten,
die vorher nicht im Ansatz da waren. Auf dem Rücken liegend
die Arme im 90-Grad-Winkel hochrecken. Sich auf dem Bauch
liegend mit einer Hand abstützen und dabei mit der anderen
nach etwas greifen. Auch wirkt sie bestimmter in der Art, sich
auszudrücken, und bewegt sich insgesamt koordinierter. Dass
sie den Sturz bis auf eine kleine Beule unbeschadet überstanden
hat, ist wundersam genug. Aber dass ein harter Schlag auf die
Stirn ihre Koordinationsfähigkeiten verbessert hat, lässt uns
stutzen. Als Therapiemaßnahme ist es schlussendlich doch zu
riskant und daher davon abzuraten. Ich selbst versuche, das
Horrorszenario mit Humor abzutun, schrecke aber immer wieder in der Einschlafphase auf, weil ich Yanti in einem sich wie-
derholenden luziden Traum sehe, wie sie saltoschlagend auf die
Fliesen zurast, mit einem lauten Klatschen aufschlägt und Nico
sie panisch aufhebt. Yantis Gesicht ist dabei von mir abgewandt,
sodass ich nicht sehe, ob sie sich verletzt hat. Während Yanti
den Schock längst aus ihrem Gedächtnis gestrichen zu haben
scheint, bleibt das Erlebnis für uns traumatisch. Merkwürdiger-
weise entspannen wir uns jetzt in anderen Belangen. Die Woh-

nung ist voller Zecken, die von den Hunden hereingebracht werden und sich auch hin und wieder in Yantis Schlafzelt verirren. Eines Morgens, nach einem tropischen Regenschauer, geistert ein fünfzehn Zentimeter langer Tausendfüßler in der Küche umher. Der *Ciempié* ist das giftigste Tier der Insel, und würde er Yanti mit seinen Giftklauen erwischen, könnte er dem Leben meiner Tochter ein Ende setzen. Die zahlreichen Stiche von potenziellen Krankheitsüberträgern haben wir aufgehört zu zählen, auch wenn wir weiterhin pausenlos Jagd auf Moskitos machen. Das alles gehört zu unserem momentanen Leben in der Lagune wie die Arztbesuche zu Berlin, also arrangieren wir uns damit. Anstatt dick eingepackt im Görlitzer Park, treffen wir uns zum täglichen Spaziergang mit Freunden am Strand. Die frühen Abende verbringen wir nicht auf der Couch neben dem Heizkörper, sondern schaukeln gemeinsam in der Hängematte bis zum Sonnenuntergang.

»So ein entspanntes Kind. Schreit sie auch irgendwann mal?«, erkundigt sich eine Bekannte.

»Sie ist letztens gestürzt. Da hat sie geschrien und geweint. Und im Krankenhaus, beim Blutabnehmen. Aber ansonsten ist sie sehr entspannt, das stimmt schon.« Ich höre selbst den stolzen Ton in meiner Stimme.

»Das kommt sicher, weil ihr auch so entspannt seid. Die Stimmung der Eltern überträgt sich automatisch auf die Kinder«, sagt sie, und ich freue mich. Vielleicht ist ja was dran.

Auch wenn Fotos aus Reisekatalogen und Social-Media-Kanälen uns weismachen wollen, dass das Wasser stets hellblau und seicht auf die Sandstrände dieser Insel trifft, hat der Ozean so viele Facetten wie ein menschliches Gesicht Ausdrücke. Mal ist er wild und undurchsichtig, mal braun, mal grün oder grau. Mal peitscht einem die Gischt wie Millionen kleiner Nadelstiche ins

Gesicht, sodass man bis zum Horizont nur Weiß sieht, mal ist das Wasser so klar und glatt, dass es sich beim Eintauchen an den Körper zu schmiegen scheint wie eine maßgeschneiderte zweite Haut. Wenn ein tropisches Regengebiet über die Nordküste der Dominikanischen Republik hinwegzieht und gleichzeitig über dem Karibischen Meer und dem Südteil der Insel die Sonne scheint, dann ist die Aussicht auf das Meer am schönsten. Dann scheint es, als habe man einen Schuss Milch in das blaugrüne Wasser gegeben, und gegen den bedrohlich wirkenden Hintergrund aus dunkelgrauen Gewitterwolken leuchtet es wie eine undurchdringliche Masse, wie ein massiver Türkis, geheimnisvoll, einladend und abschreckend zugleich.

Während unseres letzten Strandspaziergangs am Abend vor unserem Rückflug sitzt Yanti in ihrem Tragetuch an meinem Körper und schaut ebenso fasziniert wie ich auf den Atlantik. Dann schaut sie mich an, als würde sie mir sagen wollen, wie unglaublich schön das ist.

»Ja, das ist es«, sage ich ergriffen zu ihr.

Unsere Pflegehunde Mila und Capitán Peq jagen sich gegenseitig den Strand auf und ab, und Nico schlendert neben uns barfuß im Sand, ihre Flipflops baumeln entspannt an ihrem Zeigefinger, und auch ihr Blick ist aufs Wasser gerichtet.

»Wollen wir nicht einfach noch ein bisschen länger bleiben?«, frage ich. Nico lächelt, als hätte sie so etwas geahnt.

»Einerseits ist das eine gute Idee. Sie hat sich so toll entwickelt in den vergangenen Wochen.« Nico schiebt eine kurze Pause ein, bevor sie weiterspricht. »Aber wir haben schon Termine für Yanti. Sie muss ja in Berlin noch mal zum Hörtest und zum Kardiologen. Außerdem sollten wir die Physiotherapie und Logopädie ihrem jetzigen Alter anpassen. Und einen Termin beim Augenarzt haben wir auch schon. Ich glaube, innerhalb der ersten drei Wochen müssen wir zu fünf verschiedenen Terminen.«

»Hm, das hatte ich wohl verdrängt«, gebe ich mit einem Schmunzeln zu. »Wahrscheinlich ist es auch an der Zeit, dass sie neue Eindrücke bekommt. Und uns tut es vielleicht auch gut. Immerhin kommen wir in den Berliner Frühling zurück. Ich hoffe bloß, dass Yanti gesund bleibt.«

»Ja, hoffe ich auch.«

»Oder was sagst du, Yanti, willst du noch ein bisschen länger in der Karibik bleiben?«, frage ich meine Tochter. Wie immer, wenn ich sie anspreche, schenkt sie mir ein breites Grinsen und hüpft in der Babytrage auf und ab.

»Das zählt nicht«, sagt Nico und fängt an, Yanti zu kitzeln, die sogleich in schallendes Gelächter ausbricht und erfolglos versucht, sich zu wehren.

»Ich bin so froh, dass wir uns getraut haben, hierherzukommen«, sagt Nico, nachdem sie von Yanti abgelassen hat und meine Hand hält.

»Ich auch. Und ich glaube, etwas Besseres hätten wir gar nicht für sie tun können.«

Wie lange werde ich dieses Gefühl aufrechterhalten können, frage ich mich, als wir am Flughafen auf unseren Rückflug nach Deutschland warten. Als Alleinreisender war es die Post-Reise-Depression, vor der es mir graute und die mich jedes Mal mit voller Härte erwischte. Doch diesmal ist es etwas anderes. Ich bin stolz auf meine Tochter. Ich bilde mir ein, dass mich die Dominikanische Republik mit ihren herzlichen Bewohnern zu einem stolzen Vater gemacht hat, und ich vermute jetzt, kurz vor unserer Abreise, dass es mehr als nur Mut oder Kampfeswille erfordert, um dieses Grundgefühl auch in Deutschland zu bewahren. Yanti ist gerade einmal sieben Monate alt und hat ihr Leben noch vor sich. Auch wenn ich die meiste Zeit mit Freude auf meine Tochter schaue, werfe ich hin und wieder einen

Blick in die Zukunft. Ich möchte mir nicht vorstellen, wie oft sie Ablehnung oder Hänseleien ausgesetzt sein wird. Wie oft ihre Fähigkeiten und Talente übersehen oder nicht wertgeschätzt werden. Gerade jetzt, wenn es heißt, ein neues Kapitel aufzuschlagen, wird meine neue Unbeschwertheit von dem Gefühl banger Ungewissheit mehr und mehr verdrängt.

Während ich Yanti sorgenvoll betrachte, streckt sie mir die Zunge raus und macht ein furzendes Geräusch. Wie immer hat sie die richtige Antwort parat.

YIN, YANG UND
DER ROTE BARON

Südwesteuropa,
August bis Oktober 2017

Die Abstände zwischen Ankunft und neu aufkeimender Aufbruchsstimmung werden mit jeder Reise kürzer. Dennoch ist es wichtig, eine Basis zu haben. Nicht für den wenigen Besitz, den Nico und ich uns mittlerweile teilen, sondern für die Balance. Himmel und Hölle, Gut und Böse, Yin und Yang. Ob diese Basis, das Ankommen in unserer Mietwohnung in Berlin, das Yin und das Reisen das Yang ist oder umgekehrt, spielt keine Rolle. Ankommen und Aufbrechen bedingen einander – bislang war das immer so.

Eine Situation zu reflektieren, während ich mich noch in ihr befinde, verzerrt das Bild. Um herauszufinden, ob ich das Nomadentum bevorzuge, meiner Rastlosigkeit nachgeben sollte, brauche ich einen festen Wohnsitz, der mich das Fernweh spüren lässt. Und nur, weil mir das Unterwegssein vertraut ist, spüre ich die Ruhe, die Berlin mir bieten kann.

Allerdings darf ich nicht zu lange bleiben.

Je länger ich in einer Situation ausharre, desto schwieriger wird es, aus ihr auszubrechen.

Hätte man mich vor zehn Jahren vor die Wahl gestellt, wäre ich ohne zu zögern Nomade geworden. So fühlte es sich an, als ich 2010 als Journeyman losgezogen bin, nachdem ich mein Auto verkauft und meine Wohnung aufgelöst hatte.

Mit Yanti hat vor Kurzem eine neue Zeit begonnen, und alles muss neu eruiert werden. Meine eigenen Bedürfnisse und Sehnsüchte, aber auch Nicos und vor allem Yantis. Braucht unsere Tochter auf lange Sicht ein eigenes Zimmer in einer Wohnung in immer derselben Straße im Kiez der ihr bekannten Stadt, damit sie sich geborgen fühlt? Oder ist die Nähe ihrer Eltern ihr genug, sei es in Berlin, auf einer palmengesäumten Karibikinsel oder inmitten eines tiefen Waldes fernab der Zivilisation? Wird eine klassische Schulbildung ihren Fähigkeiten und auch Defiziten gerecht, oder benötigt sie besondere Förderung, um als Erwachsene möglichst unabhängig zu sein? Bedingt dieses Unabhängigsein ihr Glück – und ist das, was wir unserer Tochter wünschen, wirklich das Beste für sie und für uns als Familie?

Nach unserer ersten gemeinsamen Reise ist mir bewusst, dass dies die zu beantwortende Frage sein wird: Welches Leben wollen wir führen? Was braucht meine Tochter, was braucht Nico und was brauche ich? Welche Kompromisse werden wir eingehen müssen und welche Chancen ergeben sich aus unserem Familienleben? Schließlich wird sich eine Schnittmenge ergeben, aus der sich Entscheidungen über unseren künftigen Lebensstil ableiten lassen – immer wieder aufs Neue. Das zumindest hoffe ich. Was im ersten Moment wie ein emotionsloses Kalkül anmutet, wird in der Praxis oft genug Konfliktpotenzial bergen, auch da bin ich sicher.

Vielleicht hat sich mit Yantis Geburt doch nicht so viel verändert. Der Inhalt meiner Fragen bleibt der gleiche – nur betreffen diese Fragen künftig drei Menschen.

Der Rückflug aus der Dominikanischen Republik steht sinnbildlich für die Entwicklung, die wir als Familie in der Karibik durchgemacht haben. Es war ein unangestrengtes Reisen ohne Sorgen und Komplikationen. Yanti trank sich genüsslich den Ohrendruck weg und schlief den Rest des Nachtflugs durch.

»Was für ein braves Baby. Sie hat nicht ein Mal geschrien«, bemerkt die Flugbegleiterin, nachdem wir sanft in Frankfurt gelandet sind. Brav ist für einen sieben Monate alten Menschen wohl nicht der richtige Ausdruck, denke ich. Ein Baby schreit ja nicht aus Ungehorsam. Yanti ist gesund und tiefenentspannt, genau wie Nico und ich. Keiner von uns hat einen Grund, nervös zu werden. Und trotzdem habe ich schon einige Wochen vor unserer Rückkehr angefangen, neue Ideen für die nächste Reise zu entwickeln.

»Also, was sagst du?«, frage ich Nico, während wir unsere Taschen auspacken, die erste Ladung Schmutzwäsche in der surrenden Waschmaschine von karibischem Salz befreit wird und Yanti ihren Mittagsschlaf in der kühlen Berliner Frühsommerluft neben dem zum Hinterhof geöffneten Fenster hält. Die Sonne der letzten Monate hat ihre Wirkung getan. Strohblond und leicht gebräunt liegt sie entspannt in ihrem kleinen Bett, in dem sie zuletzt noch bleich und schlapp vor sich hin gehustet hat. Ich habe Nico eben von der Idee erzählt, mit einem Camper durch Europa zu reisen, entlang der französischen und spanischen Küste bis in den Süden Portugals. Bis Yanti alt genug wäre, um ihren Kita-Platz in Anspruch zu nehmen, würden noch ein paar Monate vergehen. Zeit für eine weitere Reise. Und es blieben uns noch Jahre, bis die Schulpflicht griff – mehr als genug Zeit für viele weitere Reisen.

»Lass uns erst mal ankommen, bevor wir das besprechen. Meine Meinung kennst du wahrscheinlich sowieso schon.«

Nico hält inne, um die Spannung für mich künstlich aufzubauen. Dann sieht sie mich an.

»Ich hätte wahnsinnig große Lust darauf.« Sie lächelt. »Jetzt lass uns aber wirklich erst mal auspacken.«

Damit ist die Sache beschlossen.

Wir bringen den Sommer damit zu, die anstehende Reise zu planen und ein geeignetes Wohnmobil zu finden. Schließlich kaufen wir uns einen alten, rot funkelnden und vom Vorbesitzer zu einem Wohnmobil ausgebauten VW-Transporter.

»Der Erstbesitzer hat ihn den Roten Baron genannt. Ein merkwürdiger Name – aber so heißt er eben«, erklärt der Verkäufer achselzuckend.

Wir machen die nötigen Reparaturen und Umbauten für die Familientauglichkeit – und Ende August ist der Rote Baron endlich einsatzbereit. Während es für mich und Yanti die erste längere Campingreise sein wird, hat Nico fast alle Schulferien mit ihrer Familie in einem VW-Bus verbracht. Sie hat also Erfahrung. Ich hingegen habe vor allen Dingen einen Plan: die Polarität zwischen Sesshaftigkeit und Nomadentum auflösen. Wieso nicht beides miteinander vereinen – reisen und deine Basis einfach mitnehmen? Im Instagram-Zeitalter nennt man das #vanlife – ein dauerhaftes Bewohnen eines fahrbaren Zuhauses. Ausgestattet mit Küche und Bett zum Leben, einem Motor und vier Rädern, immer unterwegs sein auf der Suche nach dem nächsten Standort: am Meer, in den Bergen oder inmitten einer Großstadt. Da wir auch in den letzten Jahren als Digitalnomaden überall auf der Welt gearbeitet haben, wird das zumindest organisatorisch kein Problem darstellen.

Zwei Tage vor meinem sechsunddreißigsten Geburtstag starten wir am frühen Vormittag mit einem ehrgeizigen Ziel: Pünktlich zu Beginn meines neuen Lebensjahrs wollen wir die französische Küste bei Bordeaux erreichen, um uns endlich wieder auf einem Surfboard in die Wellen zu stürzen. Yanti liegt in ihrer Babyschale, die wir weiter nutzen, da unsere Tochter kurz vor ihrem ersten Geburtstag immer noch nicht größer ist als viele Neugeborene. Während andere Kinder in ihrem Alter die ersten Schritte tun, macht Yanti noch keine Anstalten, sich krabbelnd fortzubewegen. Sie muss auch noch lernen, aus eigener Kraft zu sitzen, zu essen und erste Silben zu formen. Je älter sie wird, desto deutlicher tritt der Unterschied zu Kindern mit einem gängigen Chromosomenhaushalt hervor. Doch je deutlicher dieser Unterschied wird, desto weniger Druck verspüre ich als Vater, sie mit Gleichaltrigen zu vergleichen. Auch wenn Yanti in mancher Hinsicht der »normalen« Entwicklung hinterherhinkt, stellt sich immer mehr heraus, was für ein Charakter sich in diesem kleinen Körper eingenistet hat. Yanti ist ein Schelm und lässt keine Gelegenheit aus, das unter Beweis zu stellen. Sie hat die falsche Schnute perfektioniert, schiebt zu jeder Gelegenheit gekonnt die Unter- über die Oberlippe und schaut leidenden Blickes einen von uns beiden an. Sobald wir mit einem mitleidigen Unterton versuchen, der Sache auf den Grund zu gehen, bricht sie in Gewinnerlachen aus, weil wir ihr wieder einmal auf den Leim gegangen sind. Das Gute ist, dass man nicht zu laufen, zu sitzen oder zu sprechen braucht, um lachen zu können.

Nach langer Fahrt über die verregnete deutsche Autobahn machen wir uns kurz vor Paris an einem lauen Spätsommerabend auf die Suche nach einem Stellplatz für die Nacht. Nico sitzt neben Yanti, die mittlerweile eingeschlafen ist, auf der Rückbank. Es ist dunkel, aber ihr Gesicht wird immer wieder von den Scheinwerfern entgegenkommender Autos angeleuchtet, und ich kann im Rückspiegel erkennen, dass sie über etwas nachgrübelt.

»Was ist los?«, frage ich, nachdem ich sie eine Weile beobachtet habe.

»Ach, ich hab nur nachgedacht.«

»Ja? Worüber denn?«

Nico hält kurz inne, wie sie das immer tut, ihre Gedanken ordnet, bevor sie anfängt zu erzählen.

»Manchmal hab ich das Gefühl, dass anderen gar nicht bewusst ist, was für ein Glück uns mit Yanti widerfahren ist. Sie denken, Yanti sei eine Last und wir bemitleidenswert.«

Stille, bevor die Worte aus ihr heraussprudeln.

»Wir haben einen kleinen Menschen geschenkt bekommen, der uns so wahnsinnig glücklich macht, vielleicht glücklicher als jedes normale Kind. Es kann uns noch so gut gehen – viel besser als anderen –, und doch sitzen viele Menschen weiterhin dem Irrtum auf, das Schicksal hätte uns übel mitgespielt.«

Wieder Stille. Diesmal, weil ich über ihre Aussage nachdenken muss.

»Ich verstehe es genauso wenig. Wenn ich mir so manche Geschichte anderer Eltern anhöre von schlaflosen Nächten und pausenlosem Geschrei, kommt das Mitleid echt an falscher Stelle an.«

»Darf man ja eigentlich keinem sagen, dass wir die Nächte durchschlafen und jeden einzelnen Tag zum Lachen gebracht werden.«

Es ist dunkel, kein anderes Auto fährt über die nächtliche Landstraße, und doch weiß ich, welcher Ausdruck auf Nicos Gesicht liegt. Es ist dieses schelmische Lächeln, das sie Yanti vererbt hat und das mich immer zum Mitschmunzeln verleitet.

»Aber ich habe auch das Gefühl, dass sich etwas verändert hat. Seit wir uns entschieden haben, offen auf die Leute zu-

zugehen und geradeheraus von Yanti und ihrem Extrachromosom erzählen, begegnen sie uns anders. Seit wir davon erzählen, wie viel Spaß wir mit unserer Tochter haben. Es liegt zu einem großen Teil auch an uns, den Menschen die Angst zu nehmen.«

Nico stimmt mir zu. »Für Yanti, für uns und auch für Menschen, denen wir begegnen, ist es bestimmt viel einfacher, wenn sie begreifen, dass unsere Tochter keine Last, sondern ein Gewinn ist.

»Allerdings sollten wir die Arztbesuche, Therapien und die Zeit im Krankenhaus nicht außer Acht lassen«, wende ich ein. Unmittelbar nachdem ich meine Gedanken ausgesprochen habe, wird mir kurz schwindelig. Vor allem ein Bild hat sich mir von den verschiedenen Krankenhausaufenthalten eingebrannt. Im Clementine-Kinderhospital in Frankfurt am Main, kurz nach ihrem ersten Weihnachtsfest, morgens gegen drei Uhr, wurde Yanti an der Stirn Blut abgenommen und ein Zugang für Antibiotika gelegt. Ihre flehenden Schreie und der Versuch, sich gegen die Stiche zu wehren, treiben mir noch heute Tränen in die Augen.

»Das stimmt natürlich. Und wenn das jeden Winter so ist, müssen wir eben jeden Winter in die Wärme.«

»Und wenn Yanti in die Schule muss? Dann geht das nicht mehr ohne Weiteres. Dann sind auch wir an die Schulferien gebunden.« Dieser Gedanke war mir schon gekommen, bevor wir überhaupt darüber gesprochen hatten, ein Kind zu bekommen, ja sogar, bevor Nico und ich ein Paar wurden. Es wäre für mich das Hauptargument gewesen, hätte ich mich gegen eigenen Nachwuchs entschieden.

»Wir müssen uns wirklich überlegen, ob es nicht vielleicht besser wäre, für Yanti und für uns, unsere Basis zu verlegen. So gern ich Berlin habe, so frei ich mich dort fühle, aber unter den jetzigen Umständen ist die Stadt eher bedrückend als befreiend, sobald der kurze Sommer vorbei ist.«

»Mir graut jetzt schon vor unserer Rückkehr im Oktober.« Ich stöhne.

»Wir sind noch nicht mal richtig weg, und du hast schon Angst vor der Rückkehr.« Nico kennt mich mittlerweile so gut, dass sie zwischen meinen Zeilen lesen kann.

»Vermutlich wärst du auch nicht abgeneigt, dauerhaft im Sommer zu leben?«

»Ich wäre so was von dabei. Aber noch haben wir Zeit zu suchen. Nach DEM Ort oder DER Lebensweise. Vielleicht bekommen wir ja auch ein zweites Kind. Für Yanti wäre ein Geschwisterchen sicher toll.«

»Bestimmt. Aber nach dieser Geburt, ganz ehrlich … Ich glaub, es dauert noch, bis ich mich wieder auf diese Schmerzen einlassen kann. Lass uns erst mal Frankreich und Portugal und Spanien genießen. Wer weiß, vielleicht finden wir ja den einen Ort.«

»Ja, vielleicht.«

Kurz vor Orléans verlassen wir die Hauptstraße und schlängeln uns durch die Dörfer der Ardennen. Campingplätze wollen wir nur aufsuchen, wenn wir eine warme Dusche und eine Waschmaschine benötigen. Um möglichst unabhängig zu bleiben, werden wir auf Park- oder Stellplätzen übernachten, immer da bleiben, wo es uns gefällt, nicht da, wo Dauercamper ihr Gehege abstecken. Wir haben eine kleine Kochnische, einen Kühlschrank und eine Wasserpumpe, dank der wir eine kalte Dusche nehmen können, eine große Schlafnische unter dem Hubdach und ein kleineres Bett, das sich aus der Rückbank aufklappen lässt. Eine Toilette haben wir nicht, aber einen Spaten, falls wir einmal fernab von sanitären Anlagen halten sollten. Hilfe bei der Suche nach Übernachtungsmöglichkeiten holen wir uns über die App Park4Night, eine interaktive Karte, auf der von anderen Reisenden Markierungen mit dazugehörigen Bewertungen gesetzt wurden. Und natürlich hoffen wir auf Geheimtipps von Menschen, die uns unterwegs begegnen.

Unsere erste Reisenacht verbringen wir in einem pittoresken Ort auf einem Hügel. Der Parkplatz ist zugleich der Dorfplatz von La Selle-en-Hermoy, gesäumt von kleinen, ornamentverzierten Straßenlaternen, die ihn in ein warmes Licht tauchen. Links neben uns befindet sich die Bäckerei, rechts die mittelalterliche Kirche. Es ist still, es ist warm, und das einzige Anzeichen von Leben sind die Katzen, die, weitab der immer noch geschäftigen Autobahn, gemütlich im Halbdunkel die Straße überqueren. Es ist eine verträumte Szenerie, die für mich auch etwas Unheimliches hat. Hier werden wir schlafen. Das erste Mal in fremdem Gebiet, ungeschützt und den Gefahren der Nacht ausgeliefert. Was diese Gefahren sein könnten, weiß ich selbst nicht. Doch das macht die Dunkelheit so grausam wie das offene Meer: die Ungewissheit darüber, was hinter dem Sichtbaren liegt, außerhalb des Scheins der gusseisernen Straßenlaternen.

»Gute Nacht«, flüstere ich Nico zu, die sich längst neben Yanti gekuschelt hat und eingeschlafen ist. Nico war schon immer die Furchtlose von uns beiden. Wahrscheinlich hätte sie auch damals ohne Zögern in der Hütte des Verrückten von Bremthal übernachtet.

Es ist heiß. Nur eine dünne Stoffplane trennt uns von der Dunkelheit, in die das fremde Dorf getaucht ist. Doch irgendwann überkommt auch mich der Schlaf.

Als die Sonnenstrahlen das Dach des Roten Barons streifen, wird es noch heißer und zusätzlich stickig. Ich ziehe den Reißverschluss eines der Fensterschlitze auf und schaue durch das Moskitonetz direkt in den Verkaufsbereich der Bäckerei, in dem gerade eine junge Frau Croissants, Pains au chocolat und Quiches in die Auslage sortiert. Manchmal wünsche ich mir, ich könnte die Nacht als einen schlafenden Tag ansehen, ohne Räuber und Schurken und gefährliche Tiere. Dann müsste ich mich am nächsten Tag nicht immer vor mir selber schämen.

»Guten Morgen. Kaffee?«, flüstere ich Nico zu.

»Juhuuu«, flüstert sie zurück. Im selben Augenblick streckt sich Yanti lautstark und reibt sich den Schlaf der ersten Nacht aus den Augen. Sie blickt sich prüfend um. Ist Nico da? Dann guckt sie, ob auch ich dabei bin, und setzt endlich ihr morgendliches Grinsen auf, das einen auch die kürzeste und schrecklichste Nacht im Nu vergessen machen würde. Jeden Morgen. Jeden einzelnen Morgen, seit Yanti die Fähigkeit des Lächelns erlernt hat, ist dies das Gesicht, in das ich schaue, wenn ich aufwache. Ich war mal ein Morgenmuffel – irgendwann vor Yanti –, damit hat es sich seit ihrer Geburt. Es geht nicht darum, mich durch die Erfolge meiner Tochter ein Stück weit selbst zu verwirklichen oder ihr zu helfen, damit ihre Talente in eine erfolgreiche Karriere münden. An erster Stelle steht, sie so oft wie möglich lachen zu sehen und mitzulachen. Es ist anders gekommen, als ich es mir erhofft hatte, aber es ist vermutlich genau so gekommen, wie ich es brauche und wie es mir guttut.

Wir packen zusammen und setzen kurz darauf mit Café au Lait in unseren Mehrwegbechern, Pain au chocolat und einer gut gelaunten Yanti unseren Weg Richtung Süden fort, hören *Die Enden der Welt* in der Audioversion, gelesen von Roger Willemsen selbst, singen zu Hits aus den Siebzigern, halten hier und da für einen Snack und sind auf unserer Reise angekommen: mit dem klassischen Roadtrip-Feeling.

Wieder kommen wir am folgenden Abend im Dunkeln an, kurz hinter Bordeaux, in Lacanau. Doch diesmal ist es kalt und feucht, und die Flora besteht hauptsächlich aus Pinien. In der Ferne kann ich das Rauschen des Ozeans ausmachen. Anstatt geradewegs an den Strand zu gehen, eine Flasche Wein zu öffnen und mit Nico die Wellenbeschaffenheit im Mondlicht auszukundschaften, während wir in meinen Geburtstag hineinfeiern, bauen wir den Roten Baron für die Nacht um und legen uns kurz darauf schlafen. Die Zeiten haben sich geändert – und das ist gut so. Bevor ich Vater wurde, taten mir Eltern oft leid, die diese Vorteile der Zweisamkeit nun missen mussten. Heute Nacht weiß ich, dass wir es gar nicht wollen. Wir wollen lieber mit Yanti zusammen im Bus einschlafen und am Morgen ausgeruht mit unserer Tochter die ersten Schritte barfuß im Sand gehen. Ich fand den Gedanken immer traurig, dass man irgendwann im Erwachsenenalter die kindliche Freude verlieren und sich erst wieder an den einfachen Dingen erfreuen würde, wenn man sie durch die Augen der eigenen Kinder neu erfuhr. Doch in dieser Nacht, in der ich mein sechsunddreißigstes Lebensjahr vollende, kann ich mir keinen schöneren Geburtstag vorstellen.

So stürzen wir uns am nächsten Morgen ins touristische Strandgetümmel von Lacanau, frühstücken am Strand und springen nacheinander für einen kurzen Moment in den Atlantik. Die Bedingungen zum Surfen sind leider überhaupt kein Geburtstagsgeschenk, aber es tut gut, das Salzwasser vom kalten Nordwind ins Gesicht gepeitscht zu bekommen. Frankreich soll nur eine kleine Zwischenstation bleiben. Auch Ende August ist es in Strandnähe einfach zu überfüllt, um auch nur annähernd ein Aussteigergefühl zu entwickeln. Außerdem ist es eine weite Reise von Berlin bis in den Süden Portugals. Dreitausendfünfhundert Kilometer von Kreuzberg nach Sagres, wenn wir die französische und spanische Atlantikküste entlangfahren wollen.

Eine Fahrtzeit von dreiunddreißig Stunden hört sich anfangs als gut machbar an, doch nach den ersten zwei Tagen im Roten Baron wird uns bewusst, dass wir oft Pausen einlegen müssen, damit Yanti sich austoben kann, und wir belassen es bei einigen wenigen Fahrtstunden am Tag.

Irgendwann schlängelt sich die Landstraße serpentinenartig die ersten Hügel hinauf. Kurz darauf überqueren wir mitten in den Pyrenäen die Grenze zu Spanien, und ich spüre, wie sich etwas in mir tut. Zum einen, weil ich noch nie in diesem Teil Europas war, zum anderen, weil Spanien wie Italien und auch Portugal zu den Vorreitern in Sachen Inklusion gehört. Mädchen und Jungen, Männer und Frauen mit Downsyndrom sind hier viel integrierter in den Alltag als in Deutschland. So zumindest deute ich die vielen Artikel, die ich seit Yantis Geburt zu dem Thema gelesen habe. In Spanien lebt sogar ein Mann, der trotz Trisomie 21 nicht nur seinen Schulabschluss gemacht, sondern auch ein Lehramtsstudium erfolgreich abgeschlossen hat. Pablo Pineda ist mittlerweile dreiundvierzig Jahre alt und als Lehrer an einer Schule in Cordoba tätig, hält weltweit Vorträge zum Thema Inklusion, war Moderator einer Fernsehsendung und Darsteller in mehreren Spielfilmen. Würde er nicht am anderen Ende Spaniens leben, hätte ich Nico in diesem Moment den Vorschlag unterbreitet, ihn spontan zu besuchen. So euphorisch habe ich mich lange nicht mehr bei einem Grenzübertritt gefühlt.

Durch baskische Bergdörfer und über Land arbeiten wir uns weiter vor zu unserem nächsten Ziel – einem Parkplatz direkt am Strand von Laga, einer kleinen Bucht vor Bilbao. Vorbei an saftigen Wiesen und Weiden sowie Bauernhöfen, die denen in den österreichischen Alpen ähneln, umschlossen von den nebelumhüllten Wipfeln der bedrohlich aufragenden Pyrenäen. Dann plötzlich öffnet sich der Horizont wie ein Vorhang. Unter strahlender Sonne erscheint blau und unwirklich der Golf von Biskaya.

»Yanti, schau dir das an. Wahnsinn!«, rufe ich. Nico ist aufgesprungen und beugt sich nach vorne, um den Blick nicht zu verpassen.

»Hier bleiben wir«, sagt sie staunend. »Oder, Yanti, was sagst du?«

Yanti schaut kurz auf. Ihr wurde nach der letzten Untersuchung beim Augenarzt zwar eine generelle Sehfähigkeit, aber eben auch eine Dioptrie von 7.0 attestiert, und sie hat daher nur Augen für das Nahe. In diesem Fall für Mr. Hase, den sie leidenschaftlich, aber bester Laune anbrüllt und seit Stunden auf eine Reaktion zu warten scheint.

»Jetzt sag doch was.«

Keine Reaktion.

»Jetzt sag doch endlich was.«

So in etwa stelle ich mir das herzzerreißende Gespräch zwischen Yanti und ihrem Lieblingskuscheltier vor. Es ist ihre tägliche Konversation zur Kaffee-und-Kuchen-Zeit, und da hat so ein alberner Ausblick nicht dazwischenzufunken. Auch das ist ein Charakterzug, der sich immer mehr bemerkbar macht. Yanti ist ein Sturkopf.

Im Angesicht des grauen Bergmassivs schlagen wir unser Lager auf. Weitere Busse in allen Formen und Farben stehen auf dem matschigen Schotterplatz verteilt, und alle Fahrer sind aus ein und demselben Grund hier. Surfbare Wellen direkt vor der Haustür. Spanier und Deutsche, aber auch Franzosen, Engländer und Italiener tummeln sich am Strand und im Wasser. Laga ist nicht vergleichbar mit den weitläufigen Stränden und riesigen Dünen der Touristenhochburgen Frankreichs, wo sich ein Café an das andere reiht und Promenaden über die Länge ganzer Kleinstädte ausgebaut wurden. Hier am Playa de Laga gibt es ein Restaurant. Sonst nichts. Eingepfercht zwischen den Steinmassen, bietet der Parkplatz nur ein paar Fahrzeugen einen Stellplatz, und so hält sich das kleine Fleckchen Erde selbst davon ab, ein Magnet für den Massentourismus zu werden.

»Ja, hier bleiben wir. Zumindest für ein paar Tage«, beantworte ich mit Verzögerung an Yantis Stelle Nicos Frage.

Neben den langen Fahrten haben wir auch die Enge des sechs Quadratmeter kleinen Raums ein wenig unterschätzt. Vor allem, als es am dritten Tag kälter wird und Regen einsetzt, der Wind auffrischt und die Surfbedingungen nachlassen. Zu dritt liegen wir auf der ausgeklappten Sitzbank, die auch Yantis Spielwiese für solche Momente ist. Ich versuche zu arbeiten, während Nico keinen Meter von mir entfernt mit unserer Tochter spielt.

»Ich kann so nicht schreiben«, sage ich und klappe meinen Laptop zu.

»Und jetzt?«, fragt Nico konsterniert.

»Nichts jetzt. Ich kann nicht raus, weil es regnet, und hier drinnen kann ich mich nicht konzentrieren.«

»Aber wir können doch auch nicht raus. Ich würde auch lieber mit Yanti im Sand spielen.«

»Ich sage ja nicht, dass ihr rausgehen sollt. Ich sage nur, dass ich so nicht arbeiten kann und also Schluss mache für heute.«

Der Ton ist etwas rauer geworden, auch Yanti spürt die aufkommende Spannung. Zuletzt ist es immer häufiger vorgekommen, dass sie in solchen Situationen interveniert. Man sagt Menschen mit Downsyndrom nach, fehlende Intelligenz mit einem hohen Maß an Empathie wettzumachen. Manchmal habe ich das Gefühl, dass Yanti nicht wirklich begreift, was da geschieht, wenn ich ihr aus einem Bilderbuch vorlese oder sie anfeure, mit einem Holzstock auf einen Plastikeimer zu schlagen (wenn sie es geschafft hat, bleibt ihre Freude über den Erfolg aus). Was ich weiß, ist, dass sie zwischenmenschliche Spannungen spürt und sie im Keim ersticken will.

Mit energischem Krächzen und Tränen in den Augen unterbricht sie uns.

»Nein, Yanti, wir streiten gar nicht«, rede ich beruhigend auf sie ein.

»Wir haben uns lieb, Yanti, keine Sorge. Wir müssen uns nur an das Leben auf so engem Raum gewöhnen«, steuert Nico bei.

Yanti nimmt sich, wie auch Nico immer, einen Moment Bedenkzeit, gibt sich kurz darauf mit unserer Erklärung zufrieden, lacht ihr typisches Alles-okay-Lachen und wendet sich wieder vergnügt Mr. Hase zu, um ihn lautstark um Rückmeldung zu bitten.

»Wollen wir morgen weiterfahren?«, frage ich beschwichtigend.

»Ich finde es wunderschön hier. Aber es gibt bestimmt noch mehr tolle Orte auf unserem Weg. Ja, lass uns weiterziehen.«

Wir lassen Laga nach einer regnerischen Nacht hinter uns, fahren entlang der Küste vorbei an Bilbao und Santander nach Gerra, einem Strandabschnitt kurz vor San Vicente de la Barquera. Auch hier ist es zu windig, um ins Wasser zu gehen, und die meiste Zeit auch zu kalt, um mit Yanti längere Zeit draußen zu sein. Nach zwei Tagen Aufenthalt, hauptsächlich im Businneren, ziehen wir weiter, machen aber einen kurzen Zwischenstopp in La Barquera, um eine erste Maschine schmutziger Wäsche zu waschen. Um die Wartezeit zu verkürzen, gehen wir in eines der einheimischen Cafés.

»Oh, hallo, das ist aber eine Hübsche. Darf ich sie mal nehmen?«

Die spanische Nordküste ist anders als das, was ich von Spanien bisher kennengelernt habe. Während die Menschen am Mittelmeer für mich immer den Typ Südeuropäer verkörperten – entspannt, aber gleichzeitig hitzköpfig, freundlich und zuweilen launisch –, legen die Basken und Kantabrer eine britisch-höfliche Freundlichkeit an den Tag, die ich hier nicht vermutet hätte. Gleichzeitig begegnen sie uns Ausländern uneitel, aber voller Stolz auf ihre Heimat. Immer wieder weisen sie mit erhobenem Zeigefinger und deutlichen Worten darauf hin, dass ihre Heimat nicht Spanien sei, sondern eben das Baskenland oder, wie hier, Kantabrien. Man könnte sie auch als einfache Leute beschreiben, die ihren Lebensunterhalt in den umliegenden Industrieanlagen, Fabriken oder im Bergbau verdienen, wenn sie nicht auf dem Land als Bauern leben. Doch einfach ist das Leben hier gewiss nicht, vor allem, seit die spanische Wirtschaft stark unter der weltweiten Wirtschaftskrise gelitten hat. 2012 hatte das Land eine Arbeitslosenquote von 26,6 %, wobei die der unter Fünfundzwanzigjährigen bei 56,6 % lag. Da der Süden, allen voran Andalusien, die meisten Arbeitssuchenden hatte, wanderten viele in die weniger betroffenen Gebiete aus.

Die Kellnerin des Cafés, die mit Yanti auf dem Arm hinter der Theke verschwindet, um sie ihren Kollegen vorzustellen, ist eine von ihnen. Zuletzt haben wir so etwas in der Dominikanischen Republik erlebt – ein fremder Mensch, der Yanti unvoreingenommen und voll mütterlicher Hingabe in den Arm nimmt. Schon allein deswegen gefällt es mir hier.

Nico und ich setzen uns an einen Ecktisch. Das gesamte Interieur ist nicht bloß im Vintage-Look gehalten, ich vermute, es sah hier vor fünfzig Jahren ganz genauso aus und machte damals viel her. Es ist beinahe, als wollte man an einer Zeit festhalten, in der es sich gut leben ließ.

Yanti wird uns mit einem Café con leche zurück an den Tisch

gebracht. Ein alter Mann betritt den Salon und kommt direkt auf uns zu.

»Herzlich willkommen in San Vicente de la Barquera. Ich hoffe, es gefällt Ihnen bei uns«, begrüßt er uns, und ich überlege, ob jemals ein Tourist in Berlin von einem Passanten auf diese Weise angesprochen wurde. Ich kann es mir nicht vorstellen. Der Rentner schwärmt uns von der deutschen Flugzeugindustrie vor und gelangt natürlich irgendwann zum Zweiten Weltkrieg.

»Guernica. Das war eine Tragödie. Aber ich bin den Deutschen nicht böse. Es war Krieg, beide Seiten haben gekämpft.«

Zu unserem Glück erwartet er keine Beteiligung an seinem Monolog. Ich wüsste mich auf Spanisch ohnehin nicht so auszudrücken, dass ich dem Thema gerecht würde, und Nico, nun, Nico weiß einfach, wie man in solchen Situationen reagiert. Elegant wechselt sie das Thema.

»Wir reisen mit einem Bus die Küste entlang und sind auch an Guernica vorbeigefahren. Sie haben eine wunderschöne Heimat. Ich war schon oft in Spanien, aber ich wusste nicht, dass die Nordküste so viel zu bieten hat.«

»Ja, wir haben es schön in Kantabrien«, sagt er, wünscht uns eine gute Reise und verabschiedet sich in Richtung Theke. Auch wir verabschieden uns, denn wir wollen rasch unsere Vorräte aufstocken, bevor unsere Wäsche getrocknet ist. Direkt gegenüber dem Café befindet sich ein kleiner Supermarkt mit frischem Obst und Gemüse sowie Windelnachschub für Yanti. Als wir vor dem Regal mit Babynahrung stehen, kommt eine Frau Mitte vierzig durch die Schiebetür herein – alleine. Sie grüßt einen der Kassierer, schnappt sich einen Korb und fängt an, Sachen für den täglichen Gebrauch hineinzulegen. Gebannt schauen Nico und ich ihr hinterher, im Versuch, nicht zu starren, denn die Frau hat das Downsyndrom. Als wir kurz darauf unseren Einkauf auf das Band an der Kasse legen, stellt sie sich hinter uns an, wartet, bis sie an der Reihe ist, bezahlt, verabschiedet sich und geht. Nico hat Tränen in den Augen. »Sie war alleine einkaufen«, schluchzt sie. »Fabian, sie war alleine, niemand, der sie begleiten musste. Selbstständig.« Es war dieser Satz von der Frau in Grau damals im Krankenhaus, der ein Jahr lang in Nicos Kopf nachhallte. »Alleine einkaufen? Nein, nein, das geht nicht.« Und wie das geht, in einer kleinen Küstenstadt im spanischen Norden.

Es hat endlich aufgehört zu regnen. Kantabrien haben wir mittlerweile verlassen und steuern auf einen kleinen Ort an der asturischen Küste zu. Vega hat keine zweihundert Einwohner, aber trotzdem eine gewisse Bekanntheit durch den hier entlangführenden Camino del Norte, einen Teil des Pilgerwegs nach Santiago de Compostela. Durch enge Gassen zwischen mittelalterlichen Pfahlbauten gelangen wir zu einem Parkplatz am Meer und bauen erneut den Roten Baron zur Unterkunft um. In den ersten Nächten waren wir nach der Ankunft immer fast zwei Stunden damit beschäftigt, es uns gemütlich zu machen, alles herzurichten, dass wir schlafen konnten. Zuerst das Hochdach aufklappen. Danach Yantis Spielsachen in ihre Kiste sortieren, den Müll zusammensuchen und wegbringen. Die Babyschale abmontieren und das Bettzeug aus dem Kasten unter der Sitzbank holen. Dann die Sitzbank zu einer Liegefläche umbauen, die Sitzkissen mosaikartig zu einer Matratze aneinanderlegen und das Spannbettlaken drüberziehen. Die Belüftungsgitter in die Schiebefenster einsetzen und zu guter Letzt den Roten Baron auf die Unterlegkeile fahren, damit wir eine austarierte Schlaffläche haben. Morgens, vor dem Aufbruch, brauchten wir wieder so lange.

Mittlerweile sind wir zwei Wochen unterwegs und haben etwas mehr Übung im Umbau. Die Arbeitsaufteilung gelingt immer besser, erste Automatismen greifen, und wir haben die Zeit für Auf- und Abbau schon auf eineinhalb Stunden reduziert. Dennoch waren wir uns gleich am Anfang der Reise darüber im Klaren, dass uns vier Stunden pro Tag für andere Sachen fehlen würden. Ein Preis, den man für seine Freiheit zahlen muss.

Während wir die nötigen Handgriffe tun, passieren uns regelmäßig kleine Gruppen von Wanderern, zum Teil auch einsame Wanderer, Männer und Frauen, die in Gedanken vertieft an uns vorbeilaufen. Es ist das erste Mal seit unserer Ankunft in Spanien, dass sich unter die üblichen Surftouristen in ihren Reisemobilen Menschen mit einer anderen Mission mischen. Während unsereins auf der Suche nach der perfekten Welle oder wie derzeit überhaupt surfbaren Bedingungen ist, sind die Pilger auf der Suche nach dem Sinn. Dem Sinn des Lebens – und manchmal vielleicht auch nach dem Sinn ihrer Reise, denn nicht wenige von ihnen laufen unrund, als hätten sie Schmerzen. Aber in einem unterscheiden sich die Pilger deutlich von den Surfern in Europa: Wir sind Teil einer homogenen Masse. Frauen und Männer zwischen fünfundzwanzig und vierzig, weiß, oft verhalten in der Kontaktaufnahme. Man parkt dicht an dicht, in Hörweite der Nachbarn, aber Gespräche, etwa über die Surfbedingungen, die Wettervorhersage oder die besten Surfspots, die wir schon bereist haben, sind eher eine Seltenheit. Dagegen sind die Pilgergruppen stark durchmischt. Schüler, Studenten, Menschen im arbeitsfähigen oder Rentenalter ziehen an uns vorbei. Südamerikaner, Asiaten und Europäer gehen Seite an Seite mit ihren karbonverstärkten oder selbst geschnitzten Wanderstöcken, in Multifunktionskleidung, mit akkuraten Kurzhaarfrisuren oder im klassischen Hippielook mit Dreadlocks. In einer Sache unterscheiden sie sich kaum. Alle, und seien sie noch so erschöpft, haben ein Lächeln auf den Lippen und ein freundliches »¡Hola!« für jeden übrig, der ihren Weg kreuzt. Surfen ist die Meditation der Getriebenen – der Versuch, sich auszuklinken aus einer hektischen Welt. Eigentlich hätte ich Pilgern dieselbe Motivation zugedacht, doch es scheint, als gingen sie in der Gemeinsamkeit der Sinnsuche aus sich heraus und auf andere Menschen zu.

Schon früh am nächsten Morgen, kaum dass die Sonne über den Hügeln erscheint, wandern die ersten Pilger entlang des Camino. Ich gehe ein Stück mit, bis zu einem Strandabschnitt, von dem aus ich die Surfbedingungen einschätzen kann. Eine dichte Nebelwand zieht vom Atlantik auf und hat den Strand schon fast erreicht. Es wird wohl wieder nichts mit der Meditation im Wasser heute. Neben mir steht ein Mann mittleren Alters, der ebenfalls auf den Ozean schaut.

»Sieht nicht gut aus«, sage ich auf Spanisch.

»Nein, gestern Morgen war es toll. Aber das Wetter kann sich hier schnell ändern. Vielleicht ist es in zwei Stunden wieder gut.«

Einige Zeit blicken wir wortlos aufs Meer.

»Woher kommst du?«, fragt er mich auf Spanisch.

»Aus Deutschland. Berlin.«

»Ach, dann könne mir ja auch Deutsch schwätze«, schwäbelt der Fremde plötzlich. »I heiß Jürgen, aus der Nähe von Stuttgart. Bisch du oft hier?«

»Nein, zum ersten Mal. Wir sind normalerweise in wärmeren Gebieten surfen. Ist noch ein wenig ungewohnt, im Neoprenanzug da rauszupaddeln.«

»Desch is noch nix. I bin meist in Gallizie. Da isch richtig frisch. Subber. Und I bin meischt gans allein im Wasser«, schwärmt er von der nordöstlichen Region Spaniens. »I war früher Extremkletterer. Immer unterwegs, um immer schwierigere Gipfel zu erklimme. I bin froh, dass I da raus bin. Desch is der

Wahnsinn, was die das heute vermarkte tue mit Red Bull. Desch is nur noch lebensgfährlich. I hab des Surfe für mi entdeckt und brauch nix anners mehr. Und mei Frau is jetzt auch mit dabei, muss nich mehr im Versorgungszelt auf mich warte.« So früh am Morgen schon so viel Infos aufnehmen zu müssen, überfordert mich leicht.

»Aha«, bemerke ich.

»I komm oft her, aber I hab gmerkt, dass I desch brauch, mei Haus auf der Schwäbischen Alb.«

»Würdest du nicht gern jeden Tag hier surfen können?«, frage ich nach.

»Ja scho, aber hier lebe, nein danke. I brauch mein gregeltes Lebe, feschte Arbeitszeit. Wann immer I die Zeit find, komm I her. Desch reicht ma.«

»Wir arbeiten viel von unterwegs. Das funktioniert eigentlich ganz gut. Derzeit sind wir mit unserer einjährigen Tochter unterwegs.«

»I bin einerfuffzig, hab zwei Söhne Anfang zwanzig. Noch siebzeh Jahr, dann hasch du wieder dei eignes Lebe«, sagt er und schaut hinaus in den Nebel.

»Na, mal sehn«, entgegne ich. »Ich gehe dann mal zurück zu unserem Bus. Vielleicht sieht man sich nachher im Wasser. Viel Spaß noch.«

»Ja, dir auch, schöne Urlaub noch«, verabschiedet sich Jürgen.

In siebzehn Jahren soll ich also wieder mein eigenes Leben haben. Ich sehe davon ab, ihn mit der Trisomie meiner Tochter zu verwirren. Natürlich weiß ich, dass Yanti nicht mit achtzehn von zu Hause ausziehen wird, in eine WG in einer fremden Stadt, wo sie dann ihr Studium beginnt. Aber ich weiß auch, dass ich kein geregeltes Leben im Schwabenland haben möchte, so schön es da auch sein mag.

Als ich am Bus ankomme, liegen Yanti und Nico noch zusammen im Schlafsack auf dem Ausklappbett. Sobald Yanti mich sieht, legt sie, wie immer eigentlich, ihr überschwängliches Willkommenslächeln auf und wirkt dabei auf mich, als würde sie seit ihrer Geburt täglich auf dem Camino de Santiago de Compostela pilgern.

»Und, wie sieht's aus?«, fragt Nico nach den Wellen.

»Nicht so gut. Gerade zieht auch noch dichter Nebel auf. Laut der Vorhersage für die nächsten Tage soll ab morgen wieder ein Regengebiet über uns hinwegziehen. Vielleicht ist es an der Zeit, die Nordküste zu verlassen?«

»Portugal, wir kommen«, sagt Nico zustimmend.

Wieder packen wir zusammen und starten die lange Reise bis zur Westküste Portugals. Über Gijon und Oviedo schlagen wir einen südlichen Weg ein, überqueren das Kantabrische Gebirge und durchfahren Ortschaften wie aus einer anderen Zeit. Alte Gleisstrecken der Bergbaulokomotiven verbinden Geisterstädte, die aus dem Wilden Westen stammen könnten, als der Goldrausch noch in vollem Gange war. Zwar wurde im Spanien des 19. Jahrhunderts nicht nach Gold geschürft, sondern klassische Rohstoffe wie Kohle, Zink oder Eisenerz abgebaut, aber auch dieser Region sieht man an, dass ihre besten Zeiten lange vorbei sind. Holzverkleidete heruntergekommene Fabriken und verlassene Wohnhäuser säumen die Straßen der kastilischen Hochebene.

Immer weiter gen Süden fahren wir, bis nach Salamanca. Von dort aus geht es Richtung Westen über die Grenze Portugals. Kurz vor Mitternacht verlassen wir die Landstraße, um einen Wohnwagenparkplatz im portugiesischen Hochland anzusteuern. Es dauert einige Zeit, bis wir dort ankommen, doch nach fast drei Wochen Roadtrip lockt uns eine warme Dusche, die es dort laut einem Besucherkommentar geben soll.

Erneut sehen wir am Morgen erst, wohin es uns verschlagen hat. Auf einer Anhöhe, umringt von Weinbergen, parkt der Rote Baron neben einem betonierten Kleinfeld-Fußballplatz mit zugehörigen Umkleidekabinen und Waschräumen. Und tatsächlich, aus den Duschköpfen kommt dampfend heißes Wasser. Zu dritt stellen wir uns unter die Dusche, Yanti strampelt und lacht vor Aufregung, ich genieße die Wärme, und Nico durchlebt einen der wenigen Momente, in denen es ihr die Sprache verschlägt. Still und reglos lässt sie sich von den warmen Wasserstrahlen die Kopfhaut massieren.

»Ich könnte heulen vor Wohlbefinden«, sagt sie, als sie sich die Haare trocknet. »So gerne ich mit dem Bulli unterwegs bin – auf eine warme Dusche will ich auf Dauer nicht verzichten.«

Die letzte Etappe von zweieinhalb Stunden schaffen wir am Stück, auch wenn Yanti ungeduldiger wird. Schließlich kann sie bloß daliegen, sich mit Nico, mir oder Mr. Hase beschäftigen und warten, bis wir am nächsten Ziel sind. Heute ist es die Küste Portugals, genauer Costa de Lavos, südlich von Figurea da Foz – und irgendwie hatte ich mir das hier anders vorgestellt. Wir suchen uns einen Stellplatz auf einer Schotterpiste inmitten einer Armada von Wohnmobilen. Nicht der Art, wie der rote Baron einer ist, sondern der richtigen, der großen, mit Wohnzimmer, Flachbildschirm, Badezimmer und mindestens einem Kingsize-Bett. Zwar scheint die Sonne, und keine einzige Wolke zieht über den Himmel, doch der starke Wind bringt kalte Luft aus Norden mit. Die Wellen zergehen in der Gischt, sodass ich nicht mal darüber nachdenke, mir den Neoprenanzug anzuziehen. Es ist trocken, staubtrocken, die Vegetation besteht aus graugrünen Farnen, Gräsern und kakteenartigen Gewächsen. Hier und da ragt eine knorrige Korkeiche aus großflächig verbreiteten Bodenflechten hervor. Unwirtlich, aber in sich ein scheinbar funktionierendes System und als natürliches Gesamtkunstwerk auch irgendwie hübsch anzuschauen. Die Wahrscheinlichkeit, dass man hier aufgrund von Nahrungsmangel um sein Leben fürchten muss, ist nicht allzu groß. Cafés, Restaurants und Bars reihen sich in die Ferienhaussiedlung ein. Der Ort wirkt künstlich, sogar die Kirche in der Dorfmitte macht den Eindruck, als würde sie nur zur Hochsaison ihre Pforten öffnen.

»Ich weiß, wir haben eine weite Strecke zurückgelegt, um hier zu sein. Aber ganz ehrlich: Hier können wir auch kaum etwas von dem machen, was wir eigentlich wollten«, gebe ich zu bedenken, als wir von einem Erkundungsspaziergang zurückkommen. Trotz der strahlenden Sonne sind wir mit Jacke losgezogen, um uns vor dem kalten Wind zu schützen. Yanti sitzt gar mit Mütze und Schal in ihrer Babytrage und schmiegt sich eng an Nico.

»Irgendwie haben wir kein Glück, was das Wetter betrifft. Hast du mal geschaut, wie es weiter im Süden aussieht?«

»An der Westküste weht ein starker Wind. Aber die Algarve ist noch gute sieben Stunden reine Fahrtzeit entfernt. Ich würde vorschlagen, dass wir morgen ein Stück weiterfahren. Zumindest bis Ericeira, da wollten wir doch sowieso hin.«

»Ja, gute Idee. Das ›Surfmekka Portugals‹ dürfte besser zu uns passen.«

Doch in Anbetracht unserer Hoffnungen ist Ericeira eine noch größere Enttäuschung, trotz der vielen Buchten mit ihren zahlreichen Surfspots. Die Stadt wirkt wie ein Konglomerat von Urlaubsapartments. Der Wind weht auch hier noch bis in die letzten Winkel, und trotz des eiskalten Wassers sind die berühmten Wellenbrüche so überfüllt, dass es lange dauert, bis ich überhaupt die Chance bekomme, eine Welle zu nehmen. Schon vor dem ersten Ritt sind meine Füße taubgefroren, ich finde keinen Halt und falle sofort vom Brett. Zudem soll in Kürze der Swell eines Hurrikans aus dem Westatlantik hier eintreffen. Die Wellen werden so sehr anschwellen, dass sich nur noch die wenigsten ins Wasser trauen.

»Ich hab keine Lust mehr, weiterzufahren. Und auch Yanti braucht mal etwas Zeit an ein und demselben Ort«, sagt Nico.

»Wahrscheinlich wird es auch an einem anderen Ort nicht besser. Wir müssen den Wind und den Swell wohl aussitzen. Am anderen Ende der Stadt gibt es einen Parkplatz direkt an der Klippe, da können …«

»Nein, Fabian. Ich möchte endlich mal wieder in ein halbwegs normales Badezimmer. Außerdem will ich bei dem Wind nicht auf einer Klippe stehen. Und waschen müssen wir auch. Lass uns doch einfach auf einen Campingplatz fahren.«

Einen Augenblick denke ich nach. Doch Nico kommt meiner Antwort zuvor.

»Ich weiß, du willst möglichst autark sein und wilde Natur um dich herum haben. Aber tu uns diesen Gefallen. Wir können bei dem Wetter sowieso nicht surfen, warum also direkt am Meer stehen?«

Nico hat recht. Mal wieder.

»Okay, lass uns einchecken.«

Der Wind bleibt stark böig, die Temperaturen sinken nachts auf zehn Grad. Tagsüber sind wir selten länger als für einen Spaziergang mit Yanti im Freien. Ein guter Moment, sich darauf zu besinnen, warum wir hier sind. Ist das Teil der Freiheit, die wir leben wollen: sich auf sechs Quadratmetern verkriechen müssen? Wahrscheinlich schon. Nach anfänglicher Missstimmung über das Wetter und die touristische Realität der portugiesischen Küstenregionen fassen wir neuen Mut. Diese Reise ist ja nur ein weiterer Versuch, ein Familienmodell zu finden, das uns alle glücklich macht. Familie mit behindertem Kind, beide Eltern im Job, Reisen, Surfen. Das alles unter einen Hut zu bringen stellt uns immer noch vor eine große Aufgabe. Und es wird weiterhin unsere Mission sein, unserer Tochter ein glückliches Leben zu bereiten sowie uns selbst nicht aufgeben zu müssen. Die ständige Suche nach der perfekten Konstellation oder dem perfekten Ort ist eines der Abenteuer, die uns drei zusammenhalten. Und letztendlich wissen wir alle, dass nichts perfekt ist.

Nach fünf Tagen packen wir und ziehen weiter. Nach kurzen Zwischenstopps in Nazaré, Porto Covo und Arrifana riskieren wir schließlich einen Blick auf Praya do Amado, eine Bucht im Nirgendwo des südwestlichen Naturschutzgebiets der Costa Vicentina. Auch das portugiesische Nirgendwo ist ein beliebtes Ziel europäischer Surfbegeisterter, daher sind bei unserer Ankunft die zwei fußballfeldgroßen Parkplätze dicht besetzt. Es gibt zwei Surfschulen und einen Kiosk sowie einen WC-Container, der die Besucher davon abhalten soll, ihre Geschäfte in der freien Landschaft zu verrichten. Dass das System nur mäßig funktioniert, davon zeugen die zahlreichen Schnipsel Toilettenpapier, die wie Unkraut im Hinterland wuchern.

Die Bucht aber ist windgeschützt, und als wir auf das Wasser blicken, wird schnell klar, dass dieser Ort uns zum Verweilen einlädt. Ein breiter Strand und jede Menge hüfthoher Wellen, die in Strandnähe brechen. Keine Bedingungen für epische Surfsessions, aber genau das, was wir nach langer Durststrecke gebrauchen können.

Manchmal kann es so einfach sein. Drei Stunden und mehrere gesurfte Wellen später bauen wir in vollkommener Harmonie unseren Schlafplatz auf. Direkt neben uns steht ein anderer VW-Bus. Er gehört einem Pärchen aus Hamburg, das mit einer Tochter in Yantis Alter unterwegs ist. Noch bevor wir uns richtig vorstellen können, liegt Yanti schon auf der Spieldecke der Nachbarin und hat ihre neue beste Freundin ausgemacht.

Und wir haben ihn doch noch gefunden, den Ort, an dem wir bleiben wollen – wenigstens für den Moment.

Als wir tags darauf am Strand mit Yanti spielen, läuft ein Vater mit seiner ungefähr fünfjährigen Tochter an uns vorbei zum Wasser. Beide tragen Surfboards. »So hatte ich mir das immer ausgemalt. Dass du und unsere Tochter zusammen surfen gehen. Sie sieht auch genauso aus, wie ich mir Yanti vorgestellt hatte. Blond mit Pferdeschwanz, wie ich früher«, sagt Nico wehmütig. Sie klingt beinahe, als hätte sie die Szenen nicht nur als Idealvorstellung vor Augen, sondern als hätte sie diesen Moment tatsächlich schon mal erlebt.

»Lass Yanti noch ein bisschen älter werden, dann machen wir das schon. Und wenn nicht surfen, gehen wir eben bodyboarden oder spielen im Wasser. Wer weiß, ob wir in fünf Jahren überhaupt noch Lust haben, den Wellen hinterherzureisen.« Sage ich ruhig und schaue dabei Yanti zu, die quietscht und ihren Plastikeimer mit der Schaufel verprügelt.

Nico schaut mich irritiert an.

»Ja, okay, dass uns die Lust vergeht – daran glaube ich selbst nicht mal«, gebe ich mit einem Lachen Antwort auf ihren fragenden Gesichtsausdruck. »Aber den ersten Satz meine ich so, wie ich ihn gesagt habe.«

Zwei Tage später feiern wir Yantis ersten Geburtstag. Auf einem Pastel de Nata brennt eine Kerze, und zum ersten Mal singen wir Happy Birthday für unsere Tochter. Zu dritt sitzen wir im Inneren des Roten Baron, trinken heißen Tee und trotzen der Kälte, eingehüllt in unsere Schlafsäcke. Wenn es so etwas wie innere Freiheit, so etwas wie bedingungslose Liebe und echtes, wahrhaftiges Glück gibt, dann muss es sich in etwa so anfühlen wie das, was ich in diesem Augenblick empfinde.

So frei wie in den Dreckbergen und im Bremthaler Wald werden Nico und ich uns nie wieder fühlen. Unbedarft in den Tag hineinzuleben, ohne an morgen zu denken, gibt aus zeitlicher Ferne betrachtet ein traumschönes Bild ab. Doch dorthin, zu dieser Unbedarftheit, zurückzugehen würde bedeuten, die eigene Selbstständigkeit aufzugeben.

Vielleicht wird Yanti für immer Kind bleiben. Tief in meinem Inneren wünsche ich ihr das, auch wenn ich weiß, dass ich für immer wettmachen müsste, was ihr an Selbstständigkeit abginge. Als wir kurz nach der Geburt von Yantis Chromosomenfehler erfuhren, fühlte ich nicht so. Ich war verärgert darüber, dass mir diese Bürde aufgeladen wurde. Und auch, wenn die Bürde heute, an diesem Tag am Strand, dieselbe ist, hat sich der Ärger darüber innerhalb des letzten Jahres in Dankbarkeit verwandelt. Dankbarkeit darüber, dass meine Tochter gesund ist und dass sie mich fühlen lässt, wie ich es mittlerweile tue. In Yantis Gegenwart fühle ich mich frei – und stark, weil ich merke, wie wichtig ich ihr bin.

Die erste Nacht nach der Geburt unserer Tochter war vielleicht die schlimmste Nacht meines Lebens. Ich trauerte um all die Dinge, die Yanti niemals würde tun können, um all die Chancen, die sie niemals bekommen würde. Ich trauerte um den Menschen, der sie niemals werden würde. Um ein Leben, das nie so gelebt würde, wie ich es mir gedacht hatte. Ich trauerte auch um mich selbst und meine Zukunft, die ich mir so anders vorgestellt hatte, und um die Mutterrolle, die ich Nico so sehr gewünscht hatte. Es war tiefe Trauer. Grundlose Trauer, wie sich mittlerweile herausgestellt hat.

Als wir eine Woche nach Yantis Geburtstag die Rückreise antreten, herrscht zufriedenes Schweigen. Es ist Sonntag – Popelsonntag, wie wir ihn getauft haben. Heute vor genau einem Jahr haben die Ärzte herausgefunden, warum Yanti nicht genügend Luft bekam. Nach dreimaligem Ultraschall, Blutuntersuchungen und fachlichen Diskussionen zog Schwester Marion ihr mit einem Ausdruck von Erstaunen einen riesigen Popel aus der Nase, so groß, dass er eigentlich gar nicht in dieser kleinen Nase hätte stecken können. Plötzlich stiegen Yantis Sauerstoffwerte bis in einen gesunden Bereich.

»Manchmal kann es so einfach sein«, sagte die Radiologin, die sich auch der Lungenbeschallung angenommen hatte, achselzuckend. Der Popelsonntag ist seit diesem Tag gleichbedeutend mit dem Anfang der Lösung von Yantis gesundheitlichen Problemen. Es war das erste Mal in ihrem Leben, dass nicht ein zusätzliches Problem entdeckt wurde, sondern es eines weniger gab. Kurz darauf die erneute Untersuchung beim Kardiologen – alles in Ordnung. Kein Herzfehler, der operiert werden müsste. Und selbst ein halbes Jahr später konnte eine neurologische Störung ausgeschlossen werden. Auch Yantis Schilddrüsenwerte deuten bis heute auf keine Unterfunktion hin. Auch wenn allgemein für Menschen mit Downsyndrom ein erhöhtes Risiko für Leukämie und eine frühe Demenz besteht, können wir für den Moment entspannt sein – endlich!

Während wir die herbstlich geschmückte Allee zurück nach Berlin fahren, ziehen in entgegengesetzter Richtung Zugvögel über den Roten Baron hinweg. Am liebsten möchte ich mich ihnen mit Yanti und Nico anschließen. Die beiden hätten bestimmt nichts dagegen.

EPILOG

Wir überschreiten mal wieder die Grenze zwischen Yin und Yang. Gefühlt sind wir noch unterwegs, tatsächlich aber wird sich unsere Berliner Mietwohnung nicht wegbewegen. Durch das Schlafzimmerfenster kann ich den geparkten Roten Baron auf der gegenüberliegenden Straßenseite ausmachen, bedeckt von Herbstlaub und den Überresten aus südeuropäischem Schlamm, Sand und Staub. Vor einem Jahr ging mein Blick auch oft durch dieses Fenster. Doch was ich damals dort sah, war nicht die Freiheit, die ich jetzt dahinter ausmache. Es war ungleich düsterer, wog schwerer, ein Ausblick in eine ungewisse Zukunft. Die bunten Kastanienblätter wirken heute nicht mehr wie verblasste Fähnchen, sondern wie farbenfrohe Wimpel, die aufgehängt wurden, um etwas zu feiern – das Leben vielleicht.

Vieles ist anders in unserem Kiez. Mal wieder mussten mehrere kleine Läden den steigenden Mieten weichen, und auch die Deckenfrau habe ich lange nicht mehr auf ihrer angestammten Parkbank gesichtet. Das letzte Mal habe ich sie kurz vor Yantis

Geburt gesehen. Ich hätte ihr meine Tochter gerne vorgestellt und hoffe, dass auch sie jetzt irgendwo im Warmen sitzt, vereint im Kreise ihrer Liebsten.

Yanti geht seit ein paar Tagen in die Kita am anderen Ende der Straße und fühlt sich dort rundum wohl. Sie isst ihren Brei beim gemeinsamen Frühstück, spielt am liebsten mit Rasseln und anderen lärmenden Dingen und versucht jedem in greifbarer Nähe einen feuchten Kuss ins Gesicht zu drücken. Ihre besten Freunde sind Ibrahim und Elif, ein älteres Geschwisterpaar, das sich rührend um Yanti kümmert. Von den anderen Kindern wird sie bei jeder Gelegenheit umarmt und gestreichelt. Auch wenn es wahrscheinlich in der Hauptsache die Faszination der Kinder für so ein kleines Wesen ist, das ihr Interesse weckt, tut es verdammt gut, zu sehen, wie beliebt meine Tochter ist. Hier in der Kita ist sie keine Außenseiterin. Im Gegenteil, sie ist oft der Mittelpunkt und muss sogar hin und wieder von den Betreuern vor der Flut von Umarmungen in Sicherheit gebracht werden.

Auch die Menschen auf der Straße und in der U-Bahn begegnen uns anders. Yanti beugt sich oftmals so weit aus der Babytrage, bis sie der Person, die neben oder hinter mir sitzt, direkt ins Gesicht lächeln kann. Verschämte Wechsel der Blickrichtung habe ich schon länger nicht mehr erlebt. Die Menschen begegnen uns offenherzig und lassen sich von Yantis Charme umgarnen, schneiden Grimassen und scheinen froh darüber zu sein, für einen Moment die Ernsthaftigkeit ihres Alltags auszublenden.

Seitdem Nico und ich es uns auf die Fahne geschrieben haben, den Menschen begreiflich zu machen, dass Yanti trotz ihrer Behinderung sehr viel Spaß im Leben hat und wir wahnsinnig glücklich mit ihr sind, hat es den Anschein, als würden die Menschen hier in Deutschland viel weniger Angst davor haben, uns auf die Füße zu treten. Das deprimierende Mitleid, das uns nach Yantis Geburt entgegengebracht wurde – es ist verschwunden und einer unverstellten Freude für uns gewichen.

Wie lange werden wir diesmal in Deutschland bleiben? Ich weiß es nicht. Aber es ist ein beruhigendes Gefühl zu wissen, dass die leeren Reisetaschen in der Abstellkammer stehen und jederzeit mit dem Nötigsten befüllt werden können. Bestimmt auch wieder im neuen Jahr.

DANKSAGUNG

Obwohl die Namen der meisten in diesem Buch genannten Personen aus Respekt vor deren Privatsphäre geändert wurden, haben sich die Ereignisse weitestgehend so zugetragen wie geschildert. Über die zahlreichen Begegnungen mit Menschen unterschiedlicher Couleur bin ich dankbar.

Besonders erwähnen möchte ich all jene, die Yanti unvoreingenommen begegnet sind. Ihr könnt euch nicht vorstellen, wie sehr uns dies geholfen hat.

Danke an …

… all die Ärzte, Pfleger und Therapeuten, die Yanti in ihrem kurzen Leben schon behandelt und begleitet und mir dabei stets ein Gefühl von Sicherheit vermittelt haben.

… das Deutsche Down-Syndrom Infocenter e. V. für zahlreiche Erst- und weiterführende Informationen zum Thema Trisomie 21.

… den Verein downsyndromberlin für den persönlichen Austausch und die informativen Fachveranstaltungen.

… die vielen Angehörigen und Freunde von Menschen mit Behinderungen, die sich seit Jahrzehnten tagein, tagaus für einen respektvollen Umgang miteinander engagieren.

… Alice, meine Lektorin und Textchirurgin. Ich hoffe, dir nicht zu viel abverlangt zu haben. Du hast meinen Gedanken die erforderliche Klarheit verschafft und mit deiner Hingabe erreicht, dass ich dieses emotionale Projekt mit dem nötigen Selbstvertrauen durchführen konnte.

… meinen Verlag, im speziellen Daniel, dessen Unterstützung ich mir immer sicher war. Ich hoffe, sie über die Jahre mit weiteren Urlaubstipps ausgleichen zu können.

… meine große Familie. Ihr seid der Grund dafür, dass wir den Mut haben, mitten im Leben zu stehen.

Liebe Nico, ohne Dich wäre ich jemand anderes und hätte all das nicht erlebt. Wollen wir demnächst wieder los?

Liebe Yanti, danke, dass ich Dein Vater sein darf.